| 일러두기 |

- 인명과 지명은 국립국어원의 외래어 표기법을 따르되 이미 굳어진 경우 관례에 따라 표기했습니다.
- 역사 용어는 학계의 일반적인 표기를 따랐습니다.
- 이 책에 실린 사진 중 저작권자와 접촉이 되지 않는 등 불가피한 사정으로 사용 허가를 받지 못한 사진에 대해서는 저작권자의 허락을 구하는 대로 승인을 받고 사용료를 지불하겠습니다.
- 이 책에 실려 있는 지도와 그림의 저작권은 별도의 표기가 없는 한 (주)스푼북에 있습니다.

• 차례

1장
이슬람 세계 ··· 006

아라비아반도의 정세 | 이슬람교의 성립 | 이슬람 세력의 확산 | 이슬람 제국의 발전 | 이슬람 제국의 새로운 지배자 | 이슬람 문화

2장
서유럽 ··· 034

프랑크 왕국 | 중세 봉건제 | 중세 크리스트교의 영향 | 십자군 전쟁과 장원의 붕괴 | 중앙 집권 국가의 등장

3장
비잔티움 제국 (동로마 제국) ··· 060

비잔티움 제국의 발전 | 유스티니아누스 황제 | 둘로 갈라진 크리스트교 | 비잔티움 문화 | 비잔티움 제국의 멸망

4장

인도와 동남아시아 … 086

굽타 왕조의 북인도 통일 | 힌두교의 성립과 발전 | 이슬람 세력의 인도 침입 | 델리 술탄 왕조의 건립 | 남인도 | 동남아시아의 발전

5장

중국과 북방 민족 … 106

유목민의 화북 점령과 민족 이동 | 남북조 시대 | 수의 중국 재통일 | 당의 건국과 발전 | 송의 건국과 문치주의 | 당과 송의 문화 | 북방 민족의 성장

6장

몽골 제국 … 134

칭기즈 칸 | 세계 최대의 제국을 이룩한 몽골 | 원의 통치 | 원의 경제와 문화 | 원의 멸망

1장
이슬람 세계

| 아라비아반도의 정세
| 이슬람교의 성립
| 이슬람 세력의 확산
| 이슬람 제국의 발전
| 이슬람 제국의 새로운 지배자

'신 앞에서 모든 인간은 평등하다.'라고 말하는 이슬람교는 아라비아반도에서 무함마드라는 사람이 성립한 종교야. 그는 아라비아반도의 대도시 메카를 점령해 이슬람 국가를 건설했어. 그 뒤 이슬람 국가는 대제국으로 발전했지. 알라를 유일신으로 믿는 이슬람교에서는 돼지고기나 술 등 종교적으로 금지된 음식이 많아. 이슬람교도를 가리키는 무슬림들은 반드시 이슬람 율법에 따라 허용된 할랄 푸드만 먹어야 해. 또한 여성 무슬림들은 히잡이라고 부르는 두건이나 천으로 머리를 가린단다. 이처럼 독특한 문화를 가진 이슬람교는 아라비아반도에서 시작되어 서아시아와 북아프리카까지 뻗어 나갔어. 오늘날 사우디아라비아와 이란, 이라크, 모로코, 알제리가 자리 잡은 곳이지.

현재 전 세계에서 이슬람교를 믿는 사람들의 수는 약 18억 명에 이른단다. 이슬람교는 어떻게 생겨났으며 어떻게 발전했을까? 이야기는 무함마드가 이슬람교를 창시한 때부터 시작해서 이슬람 세계의 실질적인 지배자였던 셀주크 튀르크가 몽골의 침략으로 쇠퇴하는 시기까지 이어질 거야.

7세기부터 13세기까지 이슬람 세계에 무슨 일이 있었던 걸까?

▶ 기도하는 무슬림

아라비아반도의 정세

아라비아반도에서 주로 유목 생활을 하던 아랍인들은 오랫동안 통일을 이루지 못했어. 한편 6세기 무렵 사산 왕조 페르시아와 비잔티움 제국은 동서 교통의 중심지인 아르메니아와 시리아를 차지하고자 자주 충돌했지. 이에 인도와 중국에서 이란과 시리아를 거쳐 유럽으로 이어지는 교역로가 막히자, 상인들은 팔레스타인과 이집트 방면에서 홍해를 거쳐 인도양에 이르는 다른 교역로를 이용하기 시작했어. 무역로의 변화로 메카와 메디나 같은 홍해 연안 도시들이 상업 도시로 번영하였고 무역으로 큰돈을 번 상인들이 생겨났지. 하지만 상권이나 상인들이 다니는 길을 확보하기 위한 부족 간의 대립이 빈번해지고 부자들의 횡포가 심해지면서 가난한 사람들의 생활은 더욱 힘들어졌어.

▼ 6세기 교역로의 변화

― 종래의 교통로
― 새로운 교통로

이슬람교의 성립

이 무렵 메카의 상인이었던 무함마드(570~632)는 유대인들과 마주칠 기회가 많았어. 당시 유대인들은 여호와(야훼)라는 유일신을 섬기며 어려운 이웃을 보살폈어. 유대인들뿐만이 아니었어. 비잔티움 제국 사람들은 크리스트교를 믿으면서 서로 사이좋게 지냈지.

무함마드는 유일신을 가진 민족이 부러웠어. 그는 아랍인도 유일신을 섬긴다면 다투지 않고 서로 도와 가며 살아갈 것이라고 생각했어. 그러던 어느 날 무함마드는 여느 때처럼 동굴에서 홀로 생각에 잠겨 있었어. 뜨거웠던 사막이 서서히 식어 가는 밤이었지. 무함마드의 귀에 희미한 음악 소리가 들렸어. 음악 소리는 곧 종소리로 바뀌었어. 무함마드는 놀라서 이리저리 두리번거리다가 허공에 펼쳐진 비단 두루마리를 보게 되었어. 무함마드의 귀에 두루마리를 읽으라는 목소리가 들려왔어. 신비한 힘에 이끌려 두루마리를 읽기 시작한 무함마드는 또다시 화들짝 놀랐어. 자신이 한 번도 배운 적이 없는 글자를 줄줄 읽고 있었기 때문이야.

곧이어 이런 목소리가 들렸어.

"나는 천사 가브리엘이다. 그대는 참되고 하나뿐인 신인 알라의 예언자다."

무함마드는 얼른 메카로 돌아가 가족과 이웃에게 자신이 깨달은 사실을 이렇게 전했어.

"아랍의 부족들이 섬기는 수호신은 다 가짜였어. 참된 신은 알라한 분뿐이야."

이슬람교가 탄생한 순간이었지. 무함마드는 그때부터 메카 시내를 돌아다니며 큰 소리로 알라의 가르침을 외쳤어.

"알라는 천지를 창조하고 다스리신다. 가난한 사람을 도와주어라. 우상을 숭배하지 마라. 오직 알라만을 섬겨라. 알라가 너희들을 심판하시리라."

메카의 부자들은 무함마드의 말을 듣고 표정이 일그러졌어. 가난한 사람을 도우려면 가진 돈을 내놓아야 하는데 그게 싫었던 거야. 상인들 역시 고개를 저었어. 아랍인들이 알라만 섬기면 어떻게 되겠니? 카바 신전을 찾아오는 순례자들이 줄어들 테니 수입도 줄어들게 뻔하잖아. 하지만 알라 앞에 모든 사람이 평등하다고 말하는 무

◀ 무함마드가 천사에게 계시를 받았다는 동굴

함마드의 사상은 점차 가난한 사람들과 일반 백성들에게 퍼지기 시작했지. 결국 메카의 부자들과 상인들은 무함마드를 죽이기로 계획을 세웠어. 무함마드는 하는 수 없이 북쪽의 메디나로 몸을 피했어. 622년의 일이었지. 이슬람교는 무함마드가 메디나로 옮긴 사건을 '헤지라(성천)'라고 부르며 이해를 이슬람 원년으로 삼았단다.

메디나의 부자나 상인들은 무함마드를 받아 주었을까? 당시 메디나에서는 유대인이 유대교를 중심으로 하나가 되어 도시 전체를 쥐락펴락했어. 메디나에 살던 아랍인들은 어떻게든 유대인과 맞서 싸워서 도시의 주도권을 가져오고 싶었지. 그러자니 무함마드의 지도력이 필요했던 거야. 그들의 바람대로 메디나의 아랍인들은 무함마드를 중심으로 뭉쳐서 유대인들을 쫓아냈어. 이후 무함마드는 메디나의 지도자로 우뚝 섰단다.

역사 속 재미 쏙

이슬람교, 크리스트교, 유대교

무함마드는 《성경》 속의 모세처럼 자신도 예언자라고 했어. 또한 《성경》의 구약에 나오는 신이 선택한 민족의 시조인 아브라함을 아랍인의 조상이라고 주장했어. 즉, 이슬람교는 유대교나 크리스트교처럼 《성경》의 구약을 믿는단다. 유대교의 여호와, 크리스트교의 하느님, 이슬람교의 알라는 표현만 다를 뿐 모두 같은 신을 가리킨다고 볼 수 있지. 대신 예수를 바라보는 입장은 각각 달라서 크리스트교는 예수를 하느님의 아들, 곧 인류의 구원자로 믿지만 이슬람교는 예수도 무함마드처럼 예언자라고 생각한단다. 또 유대교에서는 아직 메시아가 오지 않았다고 믿기 때문에 예수를 받아들이지 않지.

이슬람 세력의 확산

무함마드가 메디나로 옮기고 나서 무함마드는 계속해서 유일하고 전지전능한 알라의 계시를 사람들에게 전파했지. 무함마드의 설교는 아랍인들의 마음을 사로잡았어. 이슬람교는 아라비아반도 전체로 퍼져 나갔어. 메카의 지도자들은 어떻게든 이슬람교의 열풍을 잠재우려고 했어. 그러나 메카에서조차 이슬람교를 받아들이는 아랍인들이 생겨났어. 마침내 강력한 세력을 형성한 무함마드는 자신을 따르는 무리를 이끌고 메카로 돌아왔고, 메카의 지배자는 항복하고 말았어. 630년 메카를 차지한 무함마드는 먼저 카바 신전에 놓인 신상 수백 개를 모두 파괴한 뒤 알라에게 예배를 드렸단다.

칼리프는 아랍어로 '신의 사도(무함마드)의 대리인'이라는 뜻이야.

당시 아라비아반도는 여러 부족들이 나뉘어 살아가고 있었어. 무함마드의 군대는 정복 전쟁을 벌여 아라비아반도를 장악했어. 632년 무함마드가 죽음을 맞이하자 이슬람교의 원로들은 새로운 지도자를 뽑았단다. 칼리프라고 불리는 이슬람교의 지도자는 종교적 권력은 물론 정치적 권력을 함께 가지지. 칼리프가 죽을 때마다 원로들이 모여 의견을 주고받은 뒤 새로운 칼리프를 뽑았어. 합의를 통해 선출된 1대부터 4대 칼리프 통치 시기까지를 '정통 칼리프 시대'라고 해.

칼리프가 통치하는 동안 《쿠란》이 완성되었어. 《쿠란》은 그동안 사람들의 입으로 전해 오던 무함마드의 가르침과 문자로 기록된 것을 모아 정리한 이슬람교의 경전이야. 《쿠란》을 통해 이슬람교는 더 단단하게 뿌리내렸어.

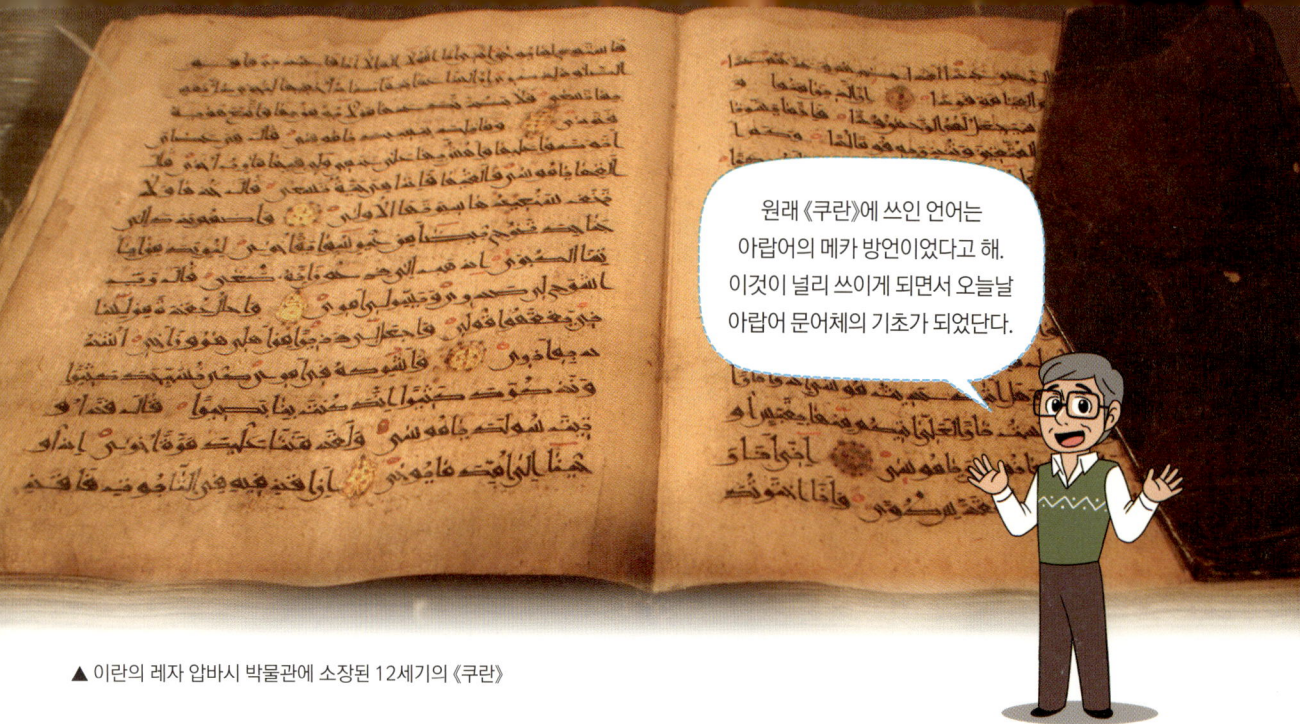

원래 《쿠란》에 쓰인 언어는 아랍어의 메카 방언이었다고 해. 이것이 널리 쓰이게 되면서 오늘날 아랍어 문어체의 기초가 되었단다.

▲ 이란의 레자 압바시 박물관에 소장된 12세기의 《쿠란》

　칼리프가 다스리는 동안 이슬람 세력은 정복 전쟁을 이어 갔어. 이슬람 군대는 사산 왕조 페르시아와 비잔티움 제국에 이어 아프리카 북부까지 쳐들어갔지. 그런데 그 지역의 민족들은 오히려 이슬람 군대를 반겼어. 그동안 사산 왕조 페르시아와 비잔티움 제국에 약탈당하며 힘들게 살았기 때문이지. 이슬람 세력은 전쟁 등으로 인해 무거운 세금에 시달리던 주민들에게 쉽고 단순한 이슬람 교리를 내세우며 세금 감면과 같은 혜택을 제시하여 정복 주민들로부터 환영을 받았어. 이런 정책 덕분에 이슬람교는 아라비아반도 너머로 빠르게 퍼져 나갔지.

　한편 이슬람 제국은 무함마드의 사촌인 알리가 4대 칼리프로 뽑히면서 혼란의 소용돌이에 휩싸였어. 알리의 지지자들이 3대 칼리프를 죽였다는 사실이 밝혀졌거든. 3대 칼리프인 우스만이 속한 우마

페르시아 제국은 현재의 이란 땅에 세웠던 나라야.

▲ 이슬람 세력의 영토 확장

▪ 무함마드 시대의 정복지(622~632년)
▪ 정통 칼리프 시대의 정복지(632~661년)
▪ 우마이야 제국의 정복지(661~750년)

이야 가문은 칼을 들고 알리에게 맞섰어. 그 뒤로 5년 동안 이어진 내전은 4대 칼리프인 알리가 암살당하고서야 끝이 났어. 이후 칼리프 자리는 우마이야 가문에서 차지했어.

　우마이야 가문이 칼리프 자리를 후계자에게 물려주면서 정통 칼리프 시대는 막을 내렸어. 우마이야 왕조는 수도를 다마스쿠스로 옮기고는 정복 전쟁을 다시 시작했어. 정통 칼리프 시대에 이슬람 군대가 사산 왕조 페르시아와 비잔티움 제국에 이어 아프리카 북부까지 점령했던 것을 기억하지? 우마이야 왕조는 거기에서 멈추지 않고 유럽의 이베리아반도까지 뻗어 나갔단다. 이베리아반도는 오늘날 포르투갈과 에스파냐가 자리 잡은 곳이야.

　우마이야 왕조가 머나먼 서유럽을 정복하기까지 걸린 시간은 그리 길지 않았어. 그런데 무너진 것도 한순간이었어. 우마이야 왕조는 활짝 피었다가 순식간에 지는 꽃처럼 금세 쓰러졌단다. 우마이야 왕조가 100년도 버티지 못한 이유는 무엇일까?

　우마이야 왕조는 거대한 영토를 어떻게 다스릴지 몰랐기에 아랍인 중심 정책을 내세웠어. 정복 지역의 관직에 아랍인을 앉혔으며 모든 민족에게 아랍어 사용을 강요했던 거야. 이슬람교로 개종하더라도 아랍인이 아니면 세금을 내라고 요구했지. 결국 곳곳에서 불만이 터져 나왔어. 그때 시아파가 앞장서서 반란을 일으켰어. 시아파가 누구냐고? 4대 칼리프인 알리를 지지하던 세력이야. 시아파는 무함마드의 후손만이 정통 후계자로 칼리프가 될 수 있다고 주장하는 무리야. 그들은 무함마드의 후손인 아바스 가문과 손잡고 우마이야 왕조를 쫓아냈어. 이슬람 제국에 새로운 주인이 등장한 거야.

가톨릭 국가인 에스파냐에 이슬람 문화의 상징인 알람브라 궁전이 세워진 것은 이베리아반도가 우마이야 왕조의 지배를 받았기 때문이야.

▼ 에스파냐 그라나다에 있는 대표적인 이슬람 건축물 알람브라 궁전

역사 속 재미 쏙

라마단

2012년 런던 올림픽 당시, 식사를 거른 채 시합에 참석한 선수들이 있었어. 이 선수들은 바로 무슬림이었단다. 무슬림에게는 '오행'이라는 다섯 가지 의무가 있어. 하루에 다섯 번씩 메카를 향해 기도할 것, 라마단 기간에는 해가 뜰 때부터 질 때까지 금식할 것, 자기가 가진 재산이나 수입의 일부로 가난한 사람을 도울 것, 건강하고 재산이 있는 무슬림은 일생에 한 번 이상 성지인 메카를 방문할 것, '알라 외에 신은 없고 무함마드는 그의 사도이다.'라고 고백하는 것이야.

그런데 2012년 런던 올림픽 기간과 라마단 기간이 겹쳤지 뭐야. 이슬람교도인 선수들은 라마단의 의무를 지켜 금식했다는구나. 수영이나 육상 등 칼로리 소모가 많은 종목의 선수들까지도 말이야. 그 뒤로 올림픽 조직 위원회에서는 라마단 기간과 올림픽 기간이 겹치지 않도록 노력하고 있단다.

◀ 매년 약 250만 명의 무슬림이 성지 순례를 위해 메카를 방문하고 있어.

이슬람 제국의 발전

우마이야 가문 여러분을 만찬에 초대합니다. 지난 일은 잊고 서로 사이좋게 지내면 좋겠습니다. 부디 제 청을 거절하지 마십시오. 궁에서 기다리겠습니다.

- 아부 알 아바스

시아파는 무함마드의 막냇삼촌의 고손자인 아부 알 아바스를 새로운 칼리프로 내세웠어. 아부 알 아바스는 가장 먼저 우마이야 가문을 궁으로 초청했어. 아바스가 무척 친절한 것 같다고? 그건 이야기를 끝까지 들어 봐야 해. 아바스는 화해를 가장해서 우마이야 가문 사람들을 한자리에 몰아넣고 칼을 휘둘렀단다. 사방으로 피가 튀고 비명이 터져 나왔어. 그날 대부분의 우마이야 가문 사람이 죽고 말았지.

아바스는 여기에서 그치지 않았어. 우마이야 왕조를 몰아내자며 힘을 합쳤던 시아파에게도 칼끝을 겨누었지. 이슬람에서 훨씬 숫자가 많은 수니파의 마음을 달래기 위해서였어. 수니파는 무함마드의 후손이 아니더라도 이슬람 원로들이 선출한 정통 칼리프를 인정하는 교파야. 아바스는 이렇게 함께 협력했던 시아파를 배신하면서까지 모든 분쟁의 요소들을 제거하려고 했어. 결국 시아파는 이슬람 제국 밖으로 쫓겨나는 신세가 되었단다.

우마이야 가문과 시아파까지 몰아낸 아바스 왕조는 걱정거리가 다 사라졌어. 이슬람 전체를 마음대로 할 수 있게 되었지. 아바스 왕조는 먼저 수도를 우마이야 가문의 근거지인 다마스쿠스에서 바그다드로 옮겼어. 바그다드는 오늘날 이라크의 수도인데, 이슬람 제국의 한가운데 자리 잡고 있어서 동서남북 어디로나 다 연결되었어. 또한 티그리스강과 유프라테스강 사이라서 바다를 이용하기도 쉬웠지.

어느 날, 중앙아시아에 위치한 석국의 왕자가 이슬람의 칼리프에게 도움을 청했어.

"당군에게 잡혀간 아버님이 처형당했습니다. 그런데 이번에는 당군이 석국을 완전히 점령하겠다며 다시 쳐들어오고 있습니다. 제발 도와주십시오."

석국의 왕자에게 부탁을 받은 이슬람 군대는 탈라스로 가서 당 군대와 전투를 벌였어. 양쪽의 병사 수만 명이 서로 맞붙자 탈라스 계곡은 아수라장이 되었어. 그런데 시간이 흐를수록 이슬람 군대의 화살을 맞고 쓰러지는 당 병사의 수가 늘어 갔지. 결국 3만여 명이었던 당 병사는 고작 2천 명가량만 살아남았다는구나. 아바스 왕조는 탈라스 전투로 당의 서쪽 진출을 막아 내고 중앙아시아로 이슬람교를 전파할 수 있게 되었어.

이슬람 세력이 중앙아시아까지 세력을 넓히자 아랍 상인들의 활동 범위도 더 넓어졌어. 바닷길을 통한 교역도 활발해졌지. 이슬람 상인들의 발길은 동남아시아를 넘어 중국으로 이어졌어. 아울러 전 세계 사람들이 바그다드로 모여들었어. 아바스 왕조의 수도인 바그다드는 무역의 중심지일 뿐만 아니라 이슬람 세계의 정치, 경제, 문화의 중심지가 되었지. 그렇게 아바스 왕조 시대에 문명의 황금기를

> 석국은 수·당 시대에 타슈켄트를 이르던 이름이야. 타슈켄트는 현재 우즈베키스탄의 수도야.
>
> 탈라스는 오늘날 중앙아시아에 있는 키르기스스탄 서북부에 위치한 도시야.

▼ 바그다드를 흐르는 티그리스강

맞이했어.

우마이야 왕조는 100년도 버티지 못하고 무너졌다고 했지? 과연 아바스 왕조는 얼마나 오래 다스렸을까? 200년? 300년? 아바스 왕조의 칼리프가 통치한 기간은 무려 500년이 넘었단다. 그렇지만 나중에는 칼리프라는 이름에 걸맞지 않게 허수아비처럼 자리만 지켜야 했어.

총독은 특정 구역의 통치권을 가져 모든 행정을 도맡은 사람이었어. 그러다 보니 아주 막강한 힘을 가졌지.

그렇다면 아바스 왕조는 누구에게 권력을 내주었을까? 칼리프 혼자 중앙아시아까지 세력을 넓힌 나라를 다스릴 수 없었어. 그래서 각 지역에 총독들을 임명해서 다스리게 했는데, 어느 순간부터 총독들이 왕처럼 굴었단다. 게다가 칼리프 자리를 두고 왕자들 사이에 다툼이 벌어지면서 아바스 왕조는 흔들리기 시작했어. 불안해진 칼리프들은 용맹하기로 소문난 튀르크 병사들을 친위대로 세웠어. 맘루크라고 불린 이 친위대는 칼리프에게 충성을 맹세하고 가장 가까운 곳에서 칼리프를 지켰어. 그런데 칼리프가 맘루크에게만 의지하다 보니 날이 갈수록 맘루크는 기세등등해졌지. 결국 맘루크는 칼리프를 제멋대로 조종하더니 급기야 칼리프를 죽이고 그들의 마음에 드는 인물을 칼리프 자리에 앉히기까지 했어. 이미 실권을 빼앗긴 아바스 왕조는 아무런 힘도 발휘하지 못했지.

그런 상황에서 새로운 이슬람 왕조들이 나타났어. 가장 먼저 아바스 가문에게 쫓겨난 우마이야 가문이 이베리아반도에 후우마이야라는 나라를 건설했어. 아바스가 우마이야 가문 사람들을 모두 죽일

때 왕자 한 명이 달아나서 세운 나라였지.

　얼마 뒤에는 아바스 가문에게 쫓겨난 시아파에서 이런 주장이 쏟아졌어.

　"아바스 왕조는 정통 후계자가 아니야. 알리의 후손이야말로 진정한 칼리프가 될 수 있어."

　4대 칼리프인 알리의 후손이 시아파를 이끌고 이집트로 가서 스스로 칼리프라고 주장하며 파티마 왕조를 세웠어. 결국 이슬람 세계에 칼리프 세 명이 등장한 거야.

파티마는 예언자 무함마드의 딸이자 알리의 아내였어. 그녀의 이름을 따서 파티마 왕조라고 한 거야.

▼ 코르도바 대모스크야. 후우마이야 왕조는 756년, 코르도바를 수도로 삼았어. 코르도바는 이베리아반도 남부의 도시로, 오늘날까지도 이슬람 문화의 흔적이 뚜렷이 남아 있어. 이 건물은 지금은 가톨릭 성당으로 쓰이고 있지만, 아치의 독특한 색감과 장식들에서 이슬람 문화의 영향을 엿볼 수 있어.

시아파와 수니파

이란과 사우디아라비아는 이웃한 나라이지만 걸핏하면 싸우는 앙숙 관계야. 이란은 시아파의 대표적인 국가인 반면 사우디아라비아는 수니파의 대표적인 국가이거든. 시아파는 무함마드의 후손만이 정통 칼리프가 될 수 있다고 주장하는 세력이야. 반면에 수니파는 무함마드의 혈통이 아니더라도 능력과 자질을 갖추면 후계자가 될 수 있다고 주장하지. 그렇게 의견이 나뉜 시아파와 수니파는 오랜 시간 동안 서로를 인정하지 않고 다툼을 벌였어. 두 교파의 전쟁으로 많은 사람들이 다치거나 목숨을 잃기도 했지. 사실 오늘날 시아파와 수니파는 교리상의 문제로는 대립하지 않아. 그럼에도 이들의 종파 간의 갈등은 이슬람 세계의 문제로 남아 있어. 현재 이슬람권 중에서 시아파는 약 10퍼센트 남짓이며 수니파는 약 90퍼센트에 이른단다.

이슬람 제국의 새로운 지배자

후우마이야 제국과 파티마 왕조에게 영토를 뺏기고 아바스 왕조에게 남은 영토는 수도인 바그다드뿐이었어. 그나마 페르시아 가문인 부와이(부이) 왕조가 바그다드를 100년 동안 점령하는 바람에 아바스 왕조의 칼리프는 포로나 마찬가지였어. 칼리프는 부와이 왕조의 간섭에서 어떻게든 벗어나고 싶었어. 그때 중앙아시아에서 세력을 넓히고 있는 셀주크 튀르크에 대한 소문이 들려왔어. 셀주크 튀르크라는 유목 민족이 이슬람교로 개종했다는 이야기였지.

칼리프는 셀주크 튀르크에 도움을 청했어. 그러자 셀주크 튀르크의 군대가 바그다드로 쳐들어와서 부와이 왕조를 쫓아냈단다. 칼리프는 눈엣가시 같은 부와이 왕조가 사라지자 기쁘기 짝이 없었지. 그래서 셀주크 튀르크의 왕에게 '술탄'이라는 칭호를 내렸어. 술탄은 아랍어로 '권위가 가장 높은 사람'이라는 뜻이야. 그때부터 칼리프가 본래 가지고 있던 종교적, 정치적 권력이 나뉘게 되었어. 술탄의 지위가 생겨난 뒤 칼리프는 종교적 지도자의 역할만을 하게 되었고 술탄은 정치적 지배자의 위치를 차지하게 됐어. 말하자면 아바스 왕조는 이름만 겨우 유지했을 뿐 실질적인 권력은 셀주크 튀르크에 넘어간 셈이지.

셀주크 튀르크는 술탄의 지위를 후손에게 물려주면서 서아시아 전체로 뻗어 나갔어. 셀주크 튀르크가 특히 눈독을 들인 땅은 오늘날 튀르키예가 위치한 아나톨리아반도였어. 셀주크 튀르크는 유목민이라고 했잖아. 아나톨리아반도는 풀밭이 많아서 가축을 기르기에 적당했거든. 셀주크 튀르크는 그곳에 사는 크리트스교 신도들을 쫓아내고 땅을 차지했어. 문제는 아나톨리아반도가 비잔티움 제국의 땅이었다는 거야.

비잔티움 제국의 황제는 셀주크 튀르크가 아나톨리아반도를 휘젓는다는 소식에 발끈했어. 그는 즉시 6만 명의 군대를 이끌고 아나톨리아반도로 달려갔어. 고작 2만 명의 군대를 가진 셀주크 튀르크는 가슴이 철렁 내려앉았지. 급히 화해를 청했지만 비잔티움 제국의 황제는 콧방귀도 뀌지 않았어. 결국 만지케르트에서 비잔티움 제국과

▲ 만지케르트 전투 장면

셀주크 튀르크는 맞붙었어. 과연 누가 이겼을까?

맙소사! 아무도 상상하지 못했던 일이 벌어졌어. 셀주크 튀르크가 비잔티움 제국을 물리친 거야. 그뿐만 아니라 비잔티움 제국의 황제를 포로로 사로잡았단다. 당시 셀주크 튀르크의 술탄과 비잔티움 제국의 황제가 나눈 대화는 다음과 같이 기록에 남아 있어.

셀주크 튀르크의 술탄이 물었어.

"내가 만약 포로였다면 그대는 나를 어떻게 처리했겠나?"

비잔티움 제국의 황제가 대답했어.

"너를 죽인 뒤 비잔티움 제국의 수도인 콘스탄티노폴리스 거리에 내걸었겠지."

술탄이 입을 열었어.

"내가 내릴 처분은 더 무겁다. 그대가 돌아가서 온갖 치욕을 당하도록 풀어 주겠다."

셀주크 튀르크의 술탄은 해마다 자신에게 황금을 바치는 조건으로 비잔티움 제국의 황제를 풀어 주었어. 술탄의 말대로 비잔티움 제국의 황제는 비잔티움 제국으로 돌아가서

▼ 셀주크 튀르크의 영토
○ 셀주크 튀르크의 발흥지
■ 셀주크 튀르크의 최대 영역 (11세기)

신하와 백성에게 조롱당하며 고통스러운 시간을 보내야 했지. 그 뒤로 아나톨리아반도는 셀주크 튀르크가 지배하게 되었어.

이슬람 세계의 강자로 떠오른 셀주크 튀르크는 예루살렘까지 정복하며 크리스트 신도들의 성지 순례를 방해했어. 아울러 비잔티움 제국을 계속 위협했지. 11세기 후반 비잔티움 제국의 새로운 황제는 셀주크 튀르크의 침입에 골머리를 앓다가 로마 교회를 대표하는 교황에게 도와 달라는 편지를 썼어.

교황은 편지를 받고서 나날이 팽창해 가는 이슬람 세력을 어떻게든 막아야겠다고 생각했어. 그래서 크리스트교 왕국의 기사들을 모아 예루살렘으로 보냈어. 십자군 전쟁이 시작된 것이지. 전쟁에 참가한 군사들은 모두 가슴과 어깨에 십자가 표시를 했어. 그래서 십자군이라고 불렀지. 로마 교황은 200여 년에 걸쳐 약 700만 명의 군대를 동원해 셀주크 튀르크를 공격했어. 하지만 결국 예루살렘을 되찾지 못했단다.

전쟁에서 이겼지만 셀주크 튀르크 역시 큰 타격을 입었어. 오랜 시간 전쟁을 치르느라 국력이 약해진 거야. 엎친 데 덮친 격으로 몽골의 군대까지 밀려들어 왔어. 칭기즈 칸의 손자가 원정군을 이끌고 중앙아시아를 가로지르더니 급기야 바그다드까지 포위했어. 그러고는 칼리프를 비롯해 수십만 명의 사람들을 죽이고 도시 곳곳을 파괴했어. 결국 수백 년간 이어 오던 서아시아의 이슬람 세계는 몽골 제국의 지배를 받게 되었단다.

> 원정군이란 먼 곳으로 싸우러 가는 군사나 군대를 말해.

이슬람의 영웅 살라딘

십자군 전쟁의 제1차 원정으로 예루살렘은 크리스트교 신도들에게 넘어갔어. 무슬림인 살라딘은 예루살렘을 꼭 되찾겠다고 다짐했지. 예루살렘은 크리스트교의 중요한 성지지만 이슬람교에서도 성지로 여기는 곳이었거든. 훗날 이집트 아이유브 왕조의 지도자가 된 살라딘은 치열한 전쟁을 승리로 이끌어 예루살렘을 되찾았어. 그런데 그는 예루살렘의 크리스트교 신도들을 죽이지 않고 노인이나 어린이는 놓아주었어. 또한 예루살렘을 얼마든지 순례하러 와도 된다고 약속했어. 이 약속은 살라딘이 죽을 때까지 지켜졌단다. 살라딘은 스스로 모범적인 무슬림이 되려고 노력했어. 싸움터에서도 하루에 다섯 번씩 알라에게 기도를 하고 가난한 사람들에게 가진 것을 다 내주었다는구나. 그래서 그가 죽은 뒤에 재산을 정리해 보니 장례식을 치르기에도 부족할 정도였단다. 살라딘은 지금도 무슬림들에게 영웅이자 위대한 지도자로 여겨지고 있어.

◀ 다마스쿠스에 있는 살라딘의 동상

이슬람 문화

　이슬람 문화의 황금기를 대표하는 것은 바로 '지혜의 집'이야. 지혜의 집은 아바스 왕조가 자랑하는 도서관으로, 고대 그리스·로마와 이집트의 소중한 책들을 보관하던 곳이야. 철학자와 과학자, 천문학자들이 지혜의 집에 모여서 연구하고 토론을 벌이기도 했지.

　바그다드 시내에서는 둥근 지붕의 아름다운 건축물들을 자주 볼 수 있어. 이슬람 건축을 가장 잘 보여 주는 이슬람 사원이야. 모스크라고 부르지. 이슬람 사원의 둥근 지붕은 평화를 상징하며 지붕 꼭대기에는 헤지라의 밤에 떠 있던 초승달이 달려 있어. 미나레트라고 하는 뾰족한 탑은 하루 다섯 차례의 예배 시간을 알리는 곳이야. 이슬람 사원의 창문을 보렴. 네모나 동그란 것이 아니라 위쪽만 둥글게 굽어진 말편자 모양이라 아주 독특하지? 이슬람 사원의 또 다른

▼ 지혜의 집 상상도

'지혜의 집'에서 연구된 학문들은 훗날 유럽으로 건너가서 스콜라 철학이 탄생하는 데 영향을 미쳤대.

> 기하학무늬는 선이나 면, 도형 등으로 이루어진 추상적인 무늬를 말해.

특징은 신 또는 사람의 그림이나 조각 없이 아라베스크와 아랍어로 꾸며졌다는 거야. 아라베스크란 기하학무늬나 덩굴무늬를 가리키는 말이란다. 왜 그랬는지 궁금하다고? 이슬람교가 우상 숭배를 금지하기 때문이지.

이 밖에도 이슬람 세계에서는 독특한 문화와 생활 양식들이 있어. 특히 이슬람교의 창시자인 무함마드의 말과 행동을 정리해 놓은 《쿠란》은 이슬람 문화와 사회에 큰 영향을 끼쳤어. 무슬림들은 《쿠란》의 가르침대로 살아야 하거든.

예를 들어 볼까? 모든 무슬림들은 돼지고기를 먹으면 안 돼. 그리고 여성들은 반드시 머리와 목을 가리는 히잡이라는 천을 둘러야 해. 《쿠란》에서 음식과 옷차림에 대해 정해 놓았기 때문이야. 《쿠란》을 중시하다 보니 《쿠란》을 해석하는 과정에서

▲ 블루 모스크라고 부르는 술탄 아흐메트 모스크의 돔의 내부와 아라베스크

▼ 바그다드의 이슬람 사원

▼ 히잡을 쓴 이슬람 여성들

신학과 철학, 법학이 발전할 정도였어.

또한 상업을 중요하게 생각해서 상인들이 마음껏 장사하도록 도와주었단다. 나라에서 상인들을 위해 길을 닦아 주기도 했지. 그래서 상인들은 비단길이나 바닷길을 통해 동쪽으로는 인도를 거쳐 중국에 이르렀고, 서쪽으로는 유럽과 아프리카까지 나아갔어.

그럼 이슬람 상인들은 어떤 물건을 가지고 바그다드로 돌아왔을까? 중국에서는 비단과 도자기를 사 왔고, 인도에서는 향신료를 구입해 왔단다. 아프리카에서는 금과 상아를 가져왔지. 또한 이슬람 상인들은 이슬람교를 전 세계에 전파한 동시에 다른 나라의 뛰어난 문화를 이슬람에 소개했어. 인도의 숫자 '0'을 받아들여 아라비아 숫자를 완성시켰으며 중국의 종이 만드는 법과 나침반, 화약을 유럽으로 전파했단다.

우리나라 역사 속의 아랍

우리 역사에 처음 등장한 아랍인은 어떤 모습이었을까? 경주의 괘릉 앞에 가면 그 모습을 볼 수 있어. 덥수룩한 수염과 고불고불한 곱슬머리, 부리부리한 눈의 아랍인을 표현한 무인석상이 세워져 있단다. 한편 아랍의 역사학자가 800년 무렵에 쓴 책에는 신라가 등장하고 있어. "중국의 동쪽에 신라라는 나라가 있는데 아홉 명의 왕이 다스리며 금이 매우 많고 살기 좋은 나라이다. 그래서 신라에 가면 돌아오지 않고 그곳에 사는 동족이 상당히 많다."라고 나와 있지. 아랍과 신라는 그 정도로 교류가 활발했던 모양이야. 고려 시대에는 아랍과 더 활발하게 교류했어. 아랍 상인들은 고려에 약재와 향료를 가져왔고 금이나 비단을 사 가지고 갔어.

이슬람에서는 여러 가지 금속을 만드는 화학 기술도 발달했어. 당시 사람들은 납이나 구리 같은 금속을 금이나 은으로 바꿀 수 있다고 믿었단다. 이것을 '연금술'이라고 하지. 물론 연금술은 성공하지 못했어. 대신 연금술을 연구하다가 여러 가지 화학 실험이 이뤄졌으며 합금 기술이 발전했지.

아랍어로 쓰인 문학 작품 중 가장 유명한 것을 꼽으라면 당연히 《아라비안나이트》이지. '천일야화'라는 이름으로도 유명한 이 작품은 오랫동안 수많은 사람들이 이야기에 이야기를 덧붙여서 완성되었어. 《아라비안나이트》의 흥미진진한 이야기를 잠깐 들어 볼래?

▲ 현존하는 가장 오래된 《아라비안나이트》

옛날 페르시아의 사산 왕조에 왕이 있었어. 어느 날 왕은 왕비와 노예가 서로 좋아한다는 사실을 알고 화가 나서 두 사람을 죽였어. 그 뒤로 왕은 몇 번이나 신부를 새로 맞이했지만, 이튿날 아침마다 신부를 사형에 처했어. 여자들을 도저히 못 믿겠다는 것이 이유였지. 그러던 어느 날, 왕실 재상의 딸인 세헤라자데가 신부로 뽑혔어. 슬퍼하는 아버지에게 세헤라자데는 걱정 말라고 말하며 궁으로 들어갔어. 첫날밤 세헤라자데는 왕에게 재미있는 이야기를 밤새도록 들려주었어. 어느덧 아침이 밝았지만 이야기가 끝나지 않았으니 왕은 세헤라자데의 처형을 하루 미루었지. 그러나 세헤라자데의 이야기는 그 뒤로도 계속 이어졌고, 왕은 뒷이야기가 궁금해서 세헤라자데를 죽이지 못했어. 그렇게 천 일하고도 하룻밤이 지나서야 왕은 그동안의 자신의 잘못을 뉘우쳤어. 왕은 결국 세헤라자데를 왕비로 맞이하여 행복하게 오래오래 살았단다.

《아라비안나이트》가 이슬람 세계를 그리고 있는 작품이라는 걸 알고 다시 본다면 또 다른 재미를 느낄 수 있을 거야.

📖 세계사가 한눈에 쏙!

01 이슬람교는 유일신인 알라를 숭배하는 종교로 무함마드가 창시했다.

02 무함마드가 죽은 뒤 정통 칼리프 시대가 열렸다. 이슬람 세력은 전쟁 등으로 인해 무거운 세금에 시달리던 주민들에게 쉽고 단순한 이슬람 교리를 내세우며 세금 감면과 같은 혜택을 제시하여 정복 주민들에게 환영을 받았다.

03 우마이야 왕조는 아랍인 중심 정책을 펴서 정복당한 민족의 반발이 컸다.

04 아바스 왕조는 아랍인 중심 정책을 폐지하고 전성기를 이끌었다. 그러나 세력이 약해져 셀주크 튀르크의 왕이 정치적 지배자인 술탄이 되면서 아바스 왕조의 칼리프는 종교적 지도자의 역할만 담당하게 되었다.

05 셀주크 튀르크는 지중해에서 중앙아시아까지 영토를 확장했다. 그 뒤 십자군 전쟁으로 국력이 약화되었고 몽골 제국에 수도인 바그다드를 빼앗겼다.

06 이슬람 상인은 비단길과 바닷길을 통해 동서 교역을 활성화시켰다. 중국의 종이 만드는 법과 나침반, 화약이 이슬람을 거쳐 유럽으로 전파되었다. 이슬람 문화는 이슬람교의 영향을 많이 받았다.

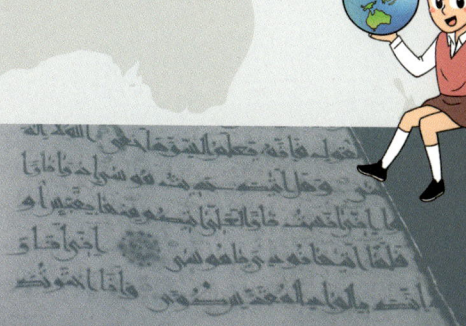

2장
서유럽

- 프랑크 왕국
- 중세 봉건제
- 중세 크리스트교의 영향
- 십자군 전쟁과 장원의 붕괴
- 중앙 집권 국가의 등장

▲ 중세 기사의 모습

영화에서 갑옷을 입은 기사들이 긴 창을 들고 적진을 향해 뛰어드는 모습을 본 적이 있니? 이런 장면이 나온다면 그건 중세 유럽을 배경으로 만든 영화란다. 엄숙한 수도원에서 수도사들이 열심히 《성경》을 베끼는 장면 역시 중세 유럽의 모습이야. 로마 제국이 동로마와 서로마로 나뉘고 얼마 지나지 않아 서로마 제국은 멸망했어. 그러자 게르만족의 일파인 프랑크족이 등장하면서 유럽의 중세가 시작되었단다. 중세에서는 말을 타는 기사와 수도원의 수도사를 빼놓을 수가 없어. 중세의 특징인 '봉건제'와 '크리스트교'를 대표하기 때문이야. 봉건제는 무엇이며 크리스트교는 중세에 어떤 영향을 끼쳤을까? 프랑크 왕국이 세워진 5세기부터 백년 전쟁이 끝나는 15세기까지 변화무쌍한 유럽의 중세로 함께 떠나 보자.

프랑크 왕국

4세기 후반부터 로마는 약화되기 시작했어. 그러다 476년, 게르만족에 의해 서로마 제국은 멸망되었지. 도시 곳곳이 불타고 무너져 내려서 남은 것이라고는 도로와 다리뿐이었어. 그나마 흙먼지가 수북이 내려앉은 상태였지. 로마를 멸망시킨 게르만족은 부족끼리 전쟁을 시작했어. 게르만족의 한 부족인 프랑크족도 전쟁에 뛰어들었어.

그러던 어느 날, 프랑크족의 왕은 전투에서 죽어 가는 부하들을 보다가 하늘을 향해 외쳤어.

"이 싸움에서 승리하도록 도와주신다면 저는 영원히 하느님을 섬기겠습니다."

과연 어떻게 되었을까? 기록에 의하면 사기가 높아진 프랑크족 병사들이 무서운 기세로 달려들자 적들은 모두 달아나 버렸다고 해. 전쟁터에서 돌아온 프랑크족의 왕은 게르만족이 믿던 종교를 버리고 로마 가톨릭으로 개종했어.

프랑크 왕국은 지금의 프랑스가 자리한 곳이야.

프랑크 왕국이 로마 가톨릭으로 개종하자 로마 교황은 쌍수를 들어 환영했어. 그리고 프랑크 왕국은 로마 교황의 지지를 받게 되었지. 그러나 얼마 지나지 않아 프랑크 왕국의 사정이 복잡해졌어. 관습에 따라 왕자들에게 영토를 나눠 주었더니 서로 더 갖겠다며 싸우기만 할 뿐, 나랏일에는 신경 쓰지 않았거든. 어쩔 수 없이 궁재가 나라의 중요한 일들을 처리하기 시작했어. 궁재는 원래 궁 안의 일을 책임지는 관리야. 그런데 왕족 간 다툼이 워낙 심하다 보니 어느 순

궁재는 궁 행정의 장을 뜻하는 말이었어. 궁에서 일어나는 일을 책임지는 관리였지.

간부터 나라 안팎을 돌보게 된 거야.

이슬람 군대가 쳐들어오자 왕 대신 궁재인 카롤루스 마르텔이 나서서 프랑크 왕국을 지켰어. 궁재가 왕이나 다름없어지자 궁재의 아들인 피핀 3세가 왕을 수도원에 가두고 왕위를 빼앗아 버렸지. 이때부터 카롤루스(카롤링거) 왕조의 시대가 열렸단다. 카롤루스 왕조의 첫 번째 왕인 피핀 3세가 죽고, 그의 아들이 왕위에 올랐어. 그가 카롤루스 대제야.

카롤루스 대제는 수없이 많은 전투를 치르며 서유럽의 대부분을 장악했어. 덕분에 서유럽에서는 지긋지긋한 전쟁이 끝나고 평화가 시작되었지. 카롤루스 대제는 크리스트교를 널리 전파하고 수도원을 여러 곳에 세웠어. 로마 교황에게는 든든한 군사적 기반이 생긴 것이었지. 동로마 제국 황제의 간섭에서 벗어나고 싶었던 로마 교황은 카롤루스 대제의 힘을 빌리고 싶었어. 카롤루스가 크리스마스를 맞아 로마의 대성당에서 기도를 하고 있을 때였어. 갑자기 교황이 보석이 촘촘히 박힌 황금 왕관을 카롤루스 대제의 머리 위에 올려 주었어. 이는 일반적인 왕관이 아니라 '서로마 황제의 관'이라는 거야. 즉, 서로마 황제의 관을 수여받는다는 것은 프랑크 왕국이 서로마를 계승한다는 의미야.

이 대관식은 유럽 역사에서 의미가 큰 사건이야. 야만스럽다며 무시당하던 게르만족이 세운 나라가 로마 교황에게 인정받은 서유럽 국가 중 하나가 되었거든. 이로써 게르만족의 문화와 로마 문화, 크리

> 대관식이란 국가의 왕 또는 황제가 즉위할 때 처음으로 왕관을 쓰고 왕위에 올랐음을 사람들에게 알리는 의식이야.

▲ 카롤루스 대제에게 황제의 왕관을 씌우는 로마 교황

스트교 문화는 자연스럽게 어우러져 서유럽 문화의 토대가 되었어.

카롤루스 대제가 죽고 나서 프랑크 왕국은 아들 루트비히 1세가 다스렸어. 그리고 그 뒤에 세 나라로 분열되었어. 땅을 자식들에게 나눠 주는 관습 때문이었지. 루트비히 1세의 아들이 셋이다 보니 서프랑크와 동프랑크, 중프랑크 왕국으로 나누어 통치했는데, 이것이 오늘날 프랑스, 독일, 이탈리아의 기원이 되었단다.

◀ 프랑크 왕국의 분열

카롤루스 대제

'대제'란 황제를 높여 부르는 말이야. 카롤루스의 업적을 높이 평가한 후대 사람들이 그를 카롤루스 대제라고 불렀어. 카롤루스 대제는 일생을 말 위에서 보냈어. 화려한 궁전을 지었지만 자신은 주로 전쟁터에 나가 있었지. 또한 그는 사치스러운 옷 대신 모피로 만든 망토를 두르고 다녔어. 늘 전쟁터에 나가 있었기 때문에 공부를 많이 하지도 못했어. 그런데 카롤루스 대제는 로마 황제들처럼 유식하고 지혜로운 사람이 되고 싶었던 모양이야. 교사를 여럿 두고 라틴어를 열심히 배웠다고 해. 또한 베개 밑에 글자판을 놔두고 자기 전에 꼬박꼬박 글쓰기 연습을 했단다. 그러나 워낙 늦게 라틴어를 배웠기에 끝내 글을 깨치지 못했다는구나.

카롤루스 대제의 동상 ▶

중세 봉건제

프랑크 왕국이 셋으로 나뉠 무렵 유럽 북쪽에서는 노르만족이 쳐들어왔고 유럽 동쪽에서는 이슬람 세력이 밀려들어 왔어. 프랑크 왕국의 왕은 이민족의 침입을 막을 힘이 없었기에 지방의 귀족들에게 땅을 나눠 주고 각자 지키도록 했어. 이렇게 주군인 왕이 나눠 주는 땅을 봉토라고 했으며 봉토를 받은 신하는 봉신이라고 불렀어. 때로는 귀족이 주군이 되어 땅을 기사에게 나눠 주는 경우도 있었어.

주군은 땅을 봉신들에게 나눠 주며 한 가지를 요구했지.

"땅을 나눠 줄 테니 언제라도 내가 부르면 군사를 끌고 오도록 하라."

"네, 부르시면 어디라도 달려가 싸우겠습니다."

말하자면 주군은 충성을 맹세하는 봉신에게만 땅을 나눠 주었어. 이를 '봉건제'라고 한단다. 즉, 자기보다 힘이 세고 권력이 있는 사람에게 땅을 나눠 받거나 보호받는 대신 충성을 바치는 거야. 만약 봉신이 땅을 받고도 주군의 부름에 따르지 않으면 어떻게 될까? 주군은 당연히 땅을 몰수하겠지. 반대로 주군이 봉신에게 땅을 제대로 주지 않거나 보호해 주지 않으면 봉신 역시 주군의 명령에 따를 필요가 없었어. 주군과 봉신은 일방적 관계가 아니라 서로가 각자에게 의무를 가진 쌍무적 계약 관계였던 거야. 어느 한쪽이 약속을 어기는 순간 계약은 무효가 되었단다.

봉건제가 이루어지자 수여받은 봉토를 운영하는 제도로 장원제가 성립됐어. 그 안에는 마을 공동체가 있어서 생활에 필요한 것을 모

> 장원이란 중세에 귀족이나 기사가 소유한 넓은 토지를 말해.

두 장원 안에서 생산하고 소비했어.

만약 타임머신을 타고 중세의 장원에 도착한다면 어떤 모습이 펼쳐질지 상상해 보자. 아마 높다란 언덕에 세워진 성이 가장 먼저 눈에 들어올 거야. 영주인 귀족이나 기사가 사는 곳이지. 성의 주변은 마을이야. 마을 한쪽에 자리 잡고 있는 것은 교회와 방앗간과 대장간이란다. 마을에서 조금 떨어진 곳에는 드넓게 펼쳐진 논밭이 보일 거야.

그렇다면 장원에는 어떤 사람들이 살고 있었을까? 먼저 장원을 소유한 영주가 있었어. 그리고 영주의 땅을 지키는 기사가 있었지. 기사들은 군주나 귀족의 명령이 떨어지면 언제라도 전쟁터로 달려가 목숨을 걸고 싸웠어. 평상시에는 말타기와 검술 등을 훈련했지. 기사가 되려면 아주 오랜 시간 많은 전투 훈련을 해야 했단다.

또 장원 안에는 성직자들이 있었어. 성직자들은 결혼이나 장례 등 마을의 크고 작은 일을 담당했어. 또는 수도원에서 기도와 수행에 힘썼지. 중세에는 교회가 엄청난 영향력을 가졌기 때문에 성직자는 누구에게나 좋은 대우를 받았어.

> 성직자들은 정신을 수행하고 육체를 훈련하면서 신앙을 키우는 데 힘을 썼지.

마지막으로 장원 안에는 농민들이 있었어. 농민들은 잠자는 시간을 제외하고는 하루 종일 일에 매달렸어. 자신의 논밭은 물론 영주의 땅과 교회의 땅까지 경작해야 했거든. 그뿐만 아니라 농민은 방앗간이나 대장간을 사용할 때도 사용료를 내고 그 밖에도 다양한 세금을 바쳐야 했어. 농민 중에는 자신의 땅에서 자유롭게 농사짓는

▲ 〈베리 공작의 매우 호화로운 기도서〉에 실린 중세 장원의 모습

> 예속된다는 말은 다른 사람의 지배나 지휘를 받으며 살아간다는 뜻이야.

자유농민도 있지만 대부분은 영주나 성직자에게 예속된 농노들이었어. 그런데 왜 중세 시대의 농민들은 농노가 되었을까? 외적이 침입하면 농민들은 목숨을 지키기가 힘들었어. 농사는 그다음 문제였지. 살아남기 위해서는 귀족이나 기사가 지켜 주는 장원으로 들어가는 수밖에 없었던 거야. 그들은 장원에 속해서 보호를 받는 대신 영주와 기사, 교회의 땅을 경작하고 세금을 냈어.

이처럼 중세 유럽의 봉건제에서는 거의 모든 사람들이 장원을 중심으로 살아갔어. 국가가 안전하게 지켜 주지 못하다 보니 봉건제와 장원 제도가 발전할 수밖에 없었어. 따라서 중세의 서유럽은 왕이 모든 권력을 쥐고 있는 중앙 집권 체제가 아니라 지방으로 권력이 분산된 지방 분권 체제였어.

역사 속 재미 쏙

토너먼트

시합 방식을 나타내는 용어인 토너먼트는 원래 중세의 기사들이 말을 타고 싸우는 시합에서 유래되었어. 경기를 거듭할 때마다 진 사람을 제외하고 이긴 사람끼리 겨루는 방식으로 최후에 남은 사람끼리 우승을 가리는 거야. 기사들은 갑옷을 입고 말에 올라타 창으로 상대를 공격해서 승부를 가렸어. 사실 중세 토너먼트에서는 기사들이 부상을 피하기 위해 100킬로그램에 가까운 갑옷을 입었단다. 누군가 부축해 주지 않으면 기사들 스스로 말에 올라타기도 어려울 정도였지. 시합이 시작되면 기사는 창에 찔리는 것보다 말에서 떨어지는 것을 걱정했어. 그래서 기사를 말안장에 묶어 두기도 했다는구나.

중세 크리스트교의 영향

962년 동프랑크 왕국(독일)의 왕 오토 1세가 교황을 도운 공로를 인정받아 서로마 황제의 왕관을 받게 되었지. 이때부터 독일의 왕은 신성 로마 제국의 황제로 불리게 되었어. 그런데 시간이 흘러 황제와 교황 사이에 문제가 생겼어.

얼마 전, 교황은 황제가 성직자를 임명해서는 안 된다고 선언했어. 오직 교황만이 성직자를 임명할 수 있다는 뜻이었지. 그런데 하인리히 4세가 자신의 부하를 주교로 임명해 버린 거야. 교황은 화가 잔뜩 났지. 그래서 황제를 파문해 버렸어. 파문이란 크리스트교에서 쫓아낸다는 뜻이야. 그러자 신성 로마 제국의 귀족들이 교황의 명령에 따라 새로운 황제를 뽑으려고 했단다. 하인리히 4세가 얼마나 당황했겠니? 위기를 느낀 하인리히 4세는 급히 교황에게 용서를 빌러 이탈리아로 향했어. 이때 교황은 로마가 아닌 이탈리아 북부의 카노사성에 머무르고 있었지. 하인리히 4세는 부랴부랴 카노사성으로 갔지. 그러나 성으로 들어갈 수 없었어. 교황이 성문을 잠근 채 황제를 만나 주지 않았거든. 황제는 교황의 마음을 돌리기 위해 맨발로 눈보라를 맞으며 성문 앞에 서 있었어. 그렇게 사흘이 지난 뒤에서야 성문이 열렸어. 황제는 교황 앞에서 손이 발이 되

▲ 카노사성 앞에서 교황에게 사죄하는 하인리히 4세

사면은 죄를 용서하여 벌을 내리지 않는 것을 말해.

도록 빌고서 겨우 사면을 받을 수 있었지. 이 사건을 가리켜 '카노사의 굴욕'이라고 부른단다. 카노사 사건으로 교황은 자신의 권위가 황제보다 높다는 것을 똑똑히 보여 주었지.

교황의 권위가 하늘을 찌를 만큼 높았던 까닭은 중세에서 크리스트교가 아주 중요했기 때문이야. 교회의 영향력은 카노사의 굴욕과 같은 정치적 영역은 물론이고 사회 전체에 작용했어. 학문과 예술에도 큰 영향을 미쳤단다. 특히 수도원은 중세의 문화적 중심지로 성장했어. 수도사들이 신앙생활 틈틈이 《성경》뿐만 아니라 그리스·로마 시대의 고전을 손으로 베껴서 수도원에 보관했거든. 그 덕분에 상당수의 고전 작품들이 사라지지 않고 오늘날까지 내려올 수 있었단다.

고대에는 플라톤이나 아리스토텔레스 등 유명한 사상가들이 철학을 발전시켰어. 중세에는 어떤 학문이 발달했을까? 당연히 신학이었지. 신학자인 토마스 아퀴나스는 철학은 신학에 종속되어야 한다고 주장하며 신학의 중요성을 강조했어. 고대 그리스의 철학이 자연과 인간을 고민하는 내용이었던 반면, 중세의 철학은 크리스트교 신앙을 학문으로 정리하고 이해하려는 것이었지. 이를 스콜라 철학이라고 부른단다. 학문 연구가 활발해지면서 대학이 하나둘 생겨났어. 볼로냐 대학은 법률로 유명했고, 파리 대학은 신학으로 유명했지.

▲ 토마스 아퀴나스

예술 작품 역시 종교의 영향을 크게 받았어. 그림과 조각은 크리스트교를 제대로 알리기 위한 역할을 담당했어. 건축물 역시 대부분 교회와 성당, 수도원이었지. 중세 유럽을 대표하는 건축 양식으로 로마네스크와 고딕을 꼽을 수 있어.

로마답다는 뜻을 지닌 로마네스크는 로마 건축의 흐름을 이어받은 미술 양식이야. 로마네스크 양식의 성당이 어떻게 생겼는지 들어가 볼까? 고개를 젖히면 무거운 돌로 만든 반원 형태의 천장이 보일 거야. 무거운 돌을 받치기 위해 기둥은 커다랗고 벽은 두꺼우며 창문은 좁아졌지. 이와 같은 건축 방식을 통해 교회와 수도원은 웅장하며 위엄 있는 아름다움을 갖추게 되었어. 로마네스크 양식의 대표적인 건축물로는 이탈리아의 피사 대성당이 있어.

로마네스크 이후 유럽의 북부를 중심으로 고딕 양식의 건축물이 들어서기 시작했어. 고딕은 고트족스럽다는 뜻으로 고트족은 게르만족의 하나야. 르네상스 시대의 유럽인들이 고딕 양식을 거칠고 야만적이라고 비난하면서 이름 붙였단다. 고딕 양식의 특징은 높이 솟은

◀ 피사 대성당이야.
로마네스크 양식으로
두꺼운 벽과 작은 창문이
특징이야.

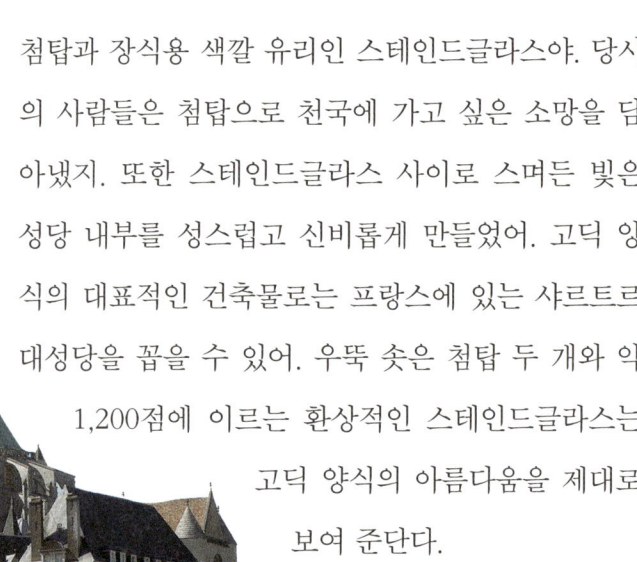
◀ 샤르트르 대성당의 스테인드글라스

첨탑과 장식용 색깔 유리인 스테인드글라스야. 당시의 사람들은 첨탑으로 천국에 가고 싶은 소망을 담아냈지. 또한 스테인드글라스 사이로 스며든 빛은 성당 내부를 성스럽고 신비롭게 만들었어. 고딕 양식의 대표적인 건축물로는 프랑스에 있는 샤르트르 대성당을 꼽을 수 있어. 우뚝 솟은 첨탑 두 개와 약 1,200점에 이르는 환상적인 스테인드글라스는 고딕 양식의 아름다움을 제대로 보여 준단다.

◀ 샤르트르 대성당이야.
고딕 양식으로 높은 첨탑과 큰 창문이 특징이야.

역사 속 상식 쏙

그레고리우스 7세와 하인리히 4세

그레고리우스 7세는 신성 로마 제국의 황제인 하인리히 4세를 파문한 교황이야. 중세 크리스트교 세계에서 파문이란 사회에서 쫓겨난다는 뜻이야. 지위뿐만 아니라 목숨까지 빼앗기는 경우도 있었어. 하인리히 4세가 파문당하자 귀족들은 교황의 편을 들었단다. 궁지에 몰린 하인리히 4세는 결국 교황 앞에 무릎을 꿇고 용서를 빌어야 했지. 그러나 이야기는 여기서 끝이 아니야. 몇 년 뒤 하인리히 4세의 복수가 시작되었거든. 하인리히 4세는 서서히 자기편을 늘리는 한편 교황을 따르던 귀족들을 몰아냈어. 그리고 마침내 군사를 거느리고 로마로 쳐들어갔어. 교황의 군대가 필사적으로 막았지만 소용없었어. 하인리히 4세는 그레고리우스 7세를 쫓아내고 새로운 교황을 선출했어. 그레고리우스 7세는 멀리 도망가야만 했지. 그는 원수를 갚지 못한 채 세상을 떠나며 다음과 같은 유언을 남겼어. "나는 정의를 사랑하고 불의를 미워했다. 그래서 나는 망명지에서 죽노라."

십자군 전쟁과 장원의 붕괴

서유럽에서 로마 가톨릭이 세력을 잡고 있던 11세기 후반 동유럽의 비잔티움 제국의 황제가 로마 교황에게 다급히 도움을 청했어.

"지금 이곳은 몹시 위험합니다. 자칫하면 무슬림의 손아귀에 나라가 넘어갈 수도 있습니다. 그런 일이 일어나지 않도록 도와주십시오."

로마가 서로마와 동로마로 나뉜 뒤, 서로마는 금세 멸망했지만 동로마인 비잔티움 제국은 끈질기게 버티고 있었어. 그런데 이슬람 세력이 자꾸 쳐들어와서 괴롭혔던 거야. 교황 역시 이슬람 제국이 유럽으로 세력을 넓혀 가는 것을 걱정하고 있었지. 뭔가 뾰족한 수를 내야만 했어.

교황은 유럽의 크리스트교 나라들에 호소했어.

"신은 그대들을 인도하실 것이다. 예수의 성묘가 있는 곳으로 가지 않겠는가? '젖과 꿀이 흐르는 땅'은 신이 그대들에게 내린 토지이다."

왜 비잔티움 제국이 아니라 예루살렘을 구하라고 했냐고? 교황에게는 예루살렘이 훨씬 중요했기 때문이야. 크리스트교 신도들에게 예루살렘은 신성한 곳이었어. 《성경》에서 하느님의 나라가 임하는 곳이라고 기록된 곳이며, 예수가 살면서 가르침을 전하던 곳이거든. 따라서 무슬림에게 예루살렘을 빼앗긴다는 것은 크리스트교 신도들에게 상상할 수 없는 일이었어.

교황의 부름에 서유럽 전체에 있는 나라들이 응답했고, 이어서 기사들과 농민들도 합세했어. 가슴에 십자가 표시를 붙인 사람들이 예

▲ 십자군 전쟁 당시의 모습을 그린 그림

루살렘으로 향하면서 십자군 전쟁은 시작되었어. 그런데 가는 길이 무척 험난했단다. 셀주크 튀르크의 공격과 심한 더위, 굶주림으로 많은 사람들이 목숨을 잃었어. 살아남은 사람들은 떠난 지 3년이 되어서야 예루살렘과 그 주변을 정복하고 크리스트교 왕국을 세웠어.

그렇다면 십자군 전쟁은 성공한 것일까? 전혀 아니었어. 몇십 년 뒤에 무슬림 살라딘에게 예루살렘을 빼앗겼거든. 십자군들은 예루살렘을 되찾겠다며 몇 차례나 다시 원정을 떠났지만 번번이 실패를 맛봐야 했어. 여러 차례의 십자군 원정 중에서 예루살렘을 차지한 것은 첫 번째 십자군 원정뿐이었지.

하느님의 이름으로 전투에서 승리하겠다는 의미로 십자가를 새긴 갑옷을 입어서 십자군이라고 불리었단다.

▲ 십자군 전쟁의 주요 원정로
제1차(1096~1099년)
제4차(1202~1204년)
제7차(1270년)

약 200년 동안 이어진 십자군 전쟁은 중세 유럽에 많은 변화를 가져왔어. 신의 이름으로 일으킨 전쟁이 계속 패배하자 교황과 교회의 권위가 땅에 떨어졌어. 크리스트교 신도들은 교황이나 성직자를 더는 우러러보지 않게 되었지. 또한 십자군 전쟁에 참여했던 영주와 기사들은 빈털터리가 되고 말았어. 오랜 기간 영지를 관리하지 않아서 수입은 줄어든 반면, 원정에 참여하느라 지출이 늘어났기 때문이지. 반면에 왕은 누구보다 강력해졌단다. 버려진 영지를 거둬들이며 세력을 키워 나갔거든. 아울러 십자군에게 전쟁에 필요한 물자를 제공한 도시들이 무역과 상업으로 눈에 띄게 성장했어.

도시의 성장은 장원의 몰락을 부채질했어. 우선 도시가 성장하자 상업과 수공업 조합인 길드가 하나둘 생겨났어. 길드의 형성으로 상인과 수공업자는 자신들의 목소리를 내기 시작했어. 심지어 영주에게 돈을 주고 도시의 자치권을 사는 경우도 생겨났단다. 도시가 자치권을 가지면 어떻게 될까? 영주나 왕의 간섭에서 벗어날 수 있었어. 재산을 빼앗길 일도 없었으며 영주에 대한 의무를 지킬 필요도 없고, 더 자유롭게 교역을 할 수 있었지. 장원의 농노들과는 완전히 달랐어. 그런 모습을 본 농노들은 장원을 떠나 도시로 향했어.

중세의 또 다른 변화는 화폐의 발달이야. 상업이 발전하고 도시가 성장하면서 화폐 사용도 늘어났지. 중세 초기에 농노들은 세금 대신 영주의 땅을 경작해 주거나 농작물을 바쳤는데, 시간이 흐르자 화폐로 세금을 지불하는 농노들이 생겨났어. 몇몇 영주는 돈을 받고 농

> 길드는 중세 유럽에서 상업자나 수공업자가 만든 동업 조합이야. 조합원끼리 서도 도와주며 함께 이익을 추구했지.
>
> 자치권은 일정한 구역을 스스로 다스리는 권리를 말해.

노를 해방시켜 주기도 했지.

　봉건제와 장원이 무너진 또 하나의 원인으로는 14세기 중엽 유행하였던 흑사병을 꼽지 않을 수 없어. 페스트균이 일으키는 급성 전염병인 흑사병이 유행하면서 100년 동안 유럽 인구의 3분의 1이 목숨을 잃었단다. 당장 땅을 경작할 노동력이 없어졌으니 영주들은 농노에게 높은 임금을 지불해야만 했지. 몇몇 영주들은 예전 방식으로 장원을 운영하다 농노의 저항에 부닥치기도 했어. 그렇게 중세를 상징하던 봉건제와 장원은 서서히 사라져 갔어.

역사 속 상식 쏙

흑사병

치명적인 질병이 중세 유럽을 덮쳤어. 피부가 검게 변해서 '흑사병'이라고 불렸지. 전염성이 강하며 사망률이 높은 흑사병은 인도에서 처음 나타나 유럽으로 빠르게 퍼져 갔어. 그리고 3년 만에 2500만 명에 이르는 유럽인을 죽음으로 내몰았어. 당시 기록에 의하면 죽은 사람이 너무 많아서 시체를 매장하기도 힘들었다는구나. 가을이 와도 일손을 구하지 못해 곡식은 썩어 가기 일쑤였어. 쥐의 몸에 기생하는 벼룩이 흑사병의 원인이 되는 페스트균을 옮겨서 발병했는데, 당시에는 그런 사실을 몰랐기에 사람들은 꽃이나 향기 나는 약초를 가지고 다녔어. 또는 양파와 마늘을 먹거나 병균이 코로 들어오지 못하도록 엎드려 잠을 자기도 했어. 그렇게 하면 흑사병을 막을 수 있다고 생각한 거지. 19세기 말에서야 페스트균이 생기는 원인이 밝혀지고 치료법이 나오게 되었어.

▼ 흑사병의 참상

중앙 집권 국가의 등장

십자군 전쟁을 거치며 교황의 세력이 주춤해진 사이 왕의 권한이 강화되었어. 그런데 영국은 왕권 강화가 그다지 순조롭지 않았어. 영국의 국왕 존은 대신들을 거느리고 들판으로 나갔어. 그곳에는 반란을 일으킨 귀족들이 기다리고 있었어. 귀족들은 존왕이 전쟁 비용을 마련하려고 세금을 마구 거둬들인 것 때문에 분노한 상태였어. 귀족들이 왕에게 서명하라고 내민 종이에는 이렇게 적혀 있었어.

"국왕은 귀족들이 반대하지 않을 때만 귀족들에게 돈을 더 거둘 수 있다. 국왕은 귀족이 범죄를 저질렀을 때만 감옥에 가둘 수 있다."

한마디로 귀족들의 봉건적 특권을 존중해 달라는 뜻이었지. 존왕은 잠시 머뭇거리다가 문서에 서명했어. 자칫하면 왕의 자리를 빼앗길 수도 있는 상황이었거든.

그러나 영국과 프랑스 사이에 백년 전쟁이 일어나면서 상황이 뒤집혔어. 귀족의 세력은 약해지고 왕의 권위는 다시 높아졌거든. 백년 전쟁은 과연 어떤 전쟁이었을까?

백년 전쟁은 프랑스의 왕위 계승권을 두고 프랑스와 영국이 싸운 전쟁이야. 프랑스의 샤를 4세가 자손 없이 세상을 떠나자 사촌 동생인 필리프 6세가 뒤를 이었어. 그러자 영국 왕은 자신의 어머니가 샤를 4세의 누이라는 사실을 내세우며 프랑스의 왕위가 자기 것이라고 주장했어. 물론 프랑스 왕이 발끈했지. 결국 두 나라는 전쟁을 시작했어.

▲ 신의 계시를 받는 잔 다르크

전쟁은 영국에 유리하게 흘러갔어. 영국 군대가 프랑스 군대를 쳐부수며 프랑스 북부의 여러 도시를 빼앗았거든. 프랑스는 꼼짝없이 왕위를 영국에게 내놓아야 할 판이었지.

그때 한 소녀가 프랑스 왕세자를 찾아와 무릎을 꿇고 말했어.

"이 전쟁에서 승리하도록 제가 도와드리겠습니다."

소녀는 자신을 잔 다르크라고 소개했어. 잔 다르크는 어렸을 때부터 신앙이 독실했어. 백년 전쟁이 계속되던 어느 날, 그녀는 프랑스를 구하라는 천사의 계시를 들었다는구나. 프랑스 왕세자는 잔 다르크를 시험해 보려고 무기와 군사를 내주었어. 잔 다르크가 몇 차례의 전투를 승리로 이끌자 전쟁이 프랑스에 유리한 쪽으로 기울었어. 프랑스 군대의 사기는 높아졌지. 결국 영국 군대는 프랑스 땅에서 쫓겨났단다. 잔 다르크의 말대로 프랑스가 승리한 거야.

백년 전쟁은 중앙 집권 국가가 등장하는 발판이 되었어. 두 나라가 전쟁을 치르는 과정에서 국민들의 가슴속에 국민 의식이 피어났

▲ 백년 전쟁 당시의 모습을 그린 그림

거든. 또한 전쟁에 창과 칼이 아니라 화약과 대포가 사용되면서 영주와 기사들의 역할은 줄어들었지. 반면에 군대를 이끄는 왕의 위치는 저절로 올라갔단다.

영국과 프랑스뿐만이 아니었어. 이보다 먼저 이베리아반도에 자리 잡은 에스파냐가 중앙 집권 국가로 발돋움했단다. 이베리아반도는 오랫동안 이슬람의 지배를 받아 왔어. 이슬람 세력과 끊임없이 싸우던 크리스트교 신도들은 마침내 카스티야와 아라곤, 포르투갈이라는 세 개의 왕국을 세웠어. 얼마 뒤, 카스티야의 공주와 아라곤의 왕자가 결혼하면서 두 나라가 합쳐져서 에스파냐 왕국이 세워졌지.

강력해진 에스파냐는 남아 있던 이슬람 세력을 상대로 전쟁을 벌였어. 귀족들을 이끌고 전투에 나선 왕은 이슬람 군대를 완전히 무찔렀어. 800년 동안 이베리아반도를 점령했던 이슬람 세력은 영영 쫓겨났지. 전쟁을 치르는 과정에서 왕이 군대를 지휘하다 보니 왕권이 강화되었어. 이렇게 해서 에스파냐는 유럽에서 가장 먼저 중앙 집권 국가를 이룰 수 있었단다.

영국의 장궁병은 긴 사정거리와 위력으로 프랑스 기사의 갑옷을 뚫어 기사들이 전투를 제대로 치르지 못하게 했지. 이는 전쟁 초기 영국이 우위를 점하게 되는 계기가 되었어. 그런데 장궁병의 구성원이 부농층이었기 때문에 귀족들인 기사의 입지가 좁아졌어.

◀ 이베리아반도에 등장한 중앙 집권 국가

01 서로마 제국의 멸망 이후 프랑크족이 오늘날의 프랑스 지역에 정착했다. 프랑크 왕국의 카롤루스 대제는 서유럽의 대부분을 차지한 뒤, 크리스트교를 전파하면서 로마 교황에게서 서로마 황제의 관을 받았다.

02 프랑크 왕국은 이민족들이 침입하자 귀족들에게 땅을 나눠 주고 지키도록 했는데, 이것이 봉건제의 탄생이었다. 봉건제의 발전으로 장원이 생겨났고 귀족의 권한은 강해졌다.

03 중세의 정치와 문화는 크리스트교의 영향을 많이 받았다. 권한이 막강해진 교황은 황제를 파문하기도 했으며, 수도원이 교육의 중심지였다. 건축물은 주로 성당과 교회였는데, 로마네스크와 고딕 양식이 유행했다.

04 이슬람 세력이 유럽으로 계속 쳐들어오자 교황은 십자군 전쟁을 일으켰다. 제1차 십자군 전쟁 때는 이슬람 세력에게서 예루살렘을 빼앗았지만, 그 뒤 여러 번 이뤄진 십자군 원정은 모두 실패로 돌아갔다.

05 십자군 전쟁을 계기로 귀족의 세력은 약해졌다. 또 흑사병이 유럽 전역에 퍼지면서 장원도 점차 사라졌다. 곧이어 영국과 프랑스의 백년 전쟁으로 국민들은 국민 의식을 갖게 되었고, 왕권이 강화되면서 중앙 집권 체제가 시작되었다. 에스파냐는 이슬람 세력을 몰아내고 유럽에서 가장 먼저 중앙 집권 국가를 이루었다.

3장
비잔티움 제국
(동로마 제국)

| 비잔티움 제국의 발전
| 유스티니아누스 황제
| 둘로 갈라진 크리스트교
| 비잔티움 문화
| 비잔티움 제국의 멸망

서로마 제국은 일찍 망했지만 동로마 제국은 천 년 가까이 유지되었어. 동로마 제국을 흔히 비잔티움 제국이라고 부르는데, 수도로 삼은 콘스탄티노폴리스(콘스탄티노플)의 원래 이름이 비잔티움이기 때문이야. 로마 제국이 동서로 나뉘었을 때 비잔티움 제국이 차지한 곳은 발칸반도와 서아시아, 아프리카 북부였어. 오늘날 그리스와 불가리아, 루마니아, 튀르키예 등이 자리 잡은 곳이지. 비잔티움 제국이 서로마 제국과 달리 금세 망하지 않은 이유는 무엇일까? 비잔티움 제국과 서유럽 국가들은 어떤 관계였을까? 비잔티움 제국은 15세기까지 이어졌는데, 이런 비잔티움 제국에도 봉건제가 있었을까? 지금부터 비잔티움 제국의 역사를 함께 살펴보자.

▼ 콘스탄티노폴리스를 보호했던 요새

비잔티움 제국의 발전

만약 시간을 거꾸로 돌려 비잔티움 제국의 수도 콘스탄티노폴리스로 가서 길을 걸어가는 사람에게 여기가 어디냐고 물으면 뭐라고 대답할까? 그들은 로마라고 대답할 거야. 당시 비잔티움 제국에 살던 사람들은 스스로 로마인이라고 여겼거든. 로마 제국을 물려받았다는 자부심도 컸어. 그래서 헐렁하고 긴 겉옷을 입었어. '토가'라는 옷인데, 로마인의 복장과 거의 같아.

비잔티움 제국은 게르만족이 세운 서유럽의 여러 나라를 무시했어. 야만적인 게르만족의 나라와 로마의 전통을 이어받은 비잔티움 제국은 차원이 다르다고 생각한 거지. 그래서 프랑크 왕국의 카롤루스 대제가 서로마 황제의 관을 받았을 때 무척 불쾌하게 여겼어. 반

▼ 토가를 입은 비잔티움 제국 사람들

면에 서쪽의 유럽인들은 교황에게서 인정받은 카롤루스 대제야말로 로마인들의 황제이며, 비잔티움 제국의 황제는 그리스인들의 황제일 뿐이라고 주장했단다.

비잔티움 제국의 황제 입장에서는 그리스인들의 황제라는 표현이 치욕적으로 느껴졌던 모양이야. 한번은 비잔티움 제국의 공주와 다른 나라의 왕자 사이에 혼담이 오고 간 적이 있었어. 그때 사신들이 가져온 편지에 그리스인들의 황제라는 말이 들어 있었어. 비잔티움 제국의 황제는 노발대발하며 사신들을 모두 감옥에 넣었다는구나.

한편, 비잔티움 제국은 황제의 권위가 강력했어. 황제가 각 지방에 군사령관을 직접 파견하여 외적의 침략에 대비했어. 세금도 직접 거둬서 군사 비용으로 사용했으며, 지역 주민들에게 땅을 나눠 주고 나라를 지키는 임무를 맡겼어. 황제가 나라 전체를 다스렸던 셈이야. 이렇게 황제의 중앙 집권 정치가 가능했기 때문에 서유럽과 달리 봉건제가 필요하지 않았어.

비잔티움 제국에서는 각 장군들이 관할하는 지역을 '테마'라고 하고, 지역 주민들을 병사로 꾸려 운영하는 제도가 있었어. 이 제도를 테마제라고 한단다. 비잔티움 제국은 테마제를 통해 별다른 비용을 들이지 않고도 수많은 농민들을 군사로 동원할 수 있었어. 농민들은 적이 공격하는 순간 즉각 방어에 나섰거든. 또한 마을의 지리를 꿰고 있어서 적을 그림자처럼 따라다니며 게릴라 전술을 펼쳤지. 테마제가 비잔티움 제국 전체에서 시행되자 비잔티움 제국의 국방력은

> 황제의 중앙 집권 정치는 국가의 모든 결정을 황제가 독단적으로 내리는 것을 말해.

강해졌고 다른 민족들은 쉽게 침략하지 못했어.

비잔티움 제국의 황제는 교회까지 지배했어. 이를 황제 교황주의라고 한단다. 황제가 종교 지도자의 역할까지 맡으면서 비잔티움 제국의 교회를 떡 주무르듯이 주물렀어. 더 나아가 황제는 로마 교회에 대해서도 감독하고 간섭했어. 그로 인해 비잔티움 제국의 황제와 로마 교황은 갈등이 심해졌단다.

비잔티움 제국은 중세 중기까지 유럽 크리스트교 문명을 대표하는 나라였어. 서로마 제국이 멸망한 뒤에는 고대 로마의 기술과 학문, 문화를 이어받아 발전시켰지. 또한 비잔티움 제국이 굳건히 버틴 덕분에 서유럽 세계는 이슬람 세력의 침략을 받지 않았어. 말하자면 비잔티움 제국이 유럽의 방패 노릇을 한 셈이야. 비잔티움 제국의 문화적 유산은 오늘날 콘스탄티노폴리스를 중심으로 발전한 크리스트교 교파인 그리스 정교회를 믿는 그리스, 루마니아, 러시아 등의 나라에 뿌리 깊게 남아 있단다.

유스티니아누스 황제

비잔티움 제국의 외딴 시골에 유스티니아누스라는 소년이 살고 있었어. 삼촌의 양아들로 들어간 유스티니아누스는 콘스탄티노폴리스에서 역사와 법학을 배우며 성장했어. 근위대장이었던 삼촌이 황제가 되자, 유스티니아누스는 그를 도와 나랏일을 돌보기 시작했어. 그리고 황제가 죽자 유스티니아누스가 그 뒤를 잇게 되었어. 비잔티움 제국의 강력한 통치자가 탄생한 순간이었어.

유스티니아누스가 처음부터 비잔티움 제국을 좌지우지했던 것은 아니야. 황제가 되고 몇 년 지나지 않은 532년, 콘스탄티노폴리스가 발칵 뒤집힌 일이 있었어. 황제가 황제권을 강화하자 이에 불만을 품은 여러 당파들이 연합해서 봉기를 일으킨 거야. 시민들은 거리를 휩쓸고 다니며 건물을 부수고 불을 질렀단다. 심지어 유스티니아누스를 쫓아내고 새로운 황제를 세우려는 움직임까지 일어났어.

깜짝 놀란 유스티니아누스는 콘스탄티노폴리스 밖으로 달아나야겠다고 생각했어. 그런 유스티니아누스를 붙잡은 것은 테오도라 황후였어. 유스티니아누스는 테오도라를 보는 순간 사랑에 빠져서 주위의 반대에도 불구하고 그녀를 아내로 맞이했어. 얼마 뒤 유스티니아누스가 황제의 자리에 오르자 테오도라는 황후가 되었지. 테오도라 황후는 무척 총명하고 씩씩해서 황제가 크고 작은 일을 결정할 때 조언을 아끼지 않았단다.

테오도라 황후는 유스티니아누스가 반란을 피해 달아나려 할 때도 이렇게 말했어.

"이제까지 황제였던 분이 어찌 도망자가 되려 하십니까? 폐하께서는 언젠가 이 자리에서 죽지 못한 걸 후회할지도 모릅니다."

도망치지 말고 당당히 맞서라는 말이었지. 유스티니아누스는 황후의 말에 용기를 얻어 반란에 맞서 싸웠고 결국 전쟁에서 승리를 거두었지. 유스티니아누스 황제는 반란을 진압한 뒤 조금씩 세력을

테오도라는 천민 출신이었는데, 당시에는 귀족과 천민이 결혼할 수 없었어. 이에 유스티니아누스는 황제이자 삼촌인 유스티누스 1세를 움직여 법을 고쳤다고 해.

콘스탄티노폴리스

발칸반도 끝 보스포루스해협에 위치한 콘스탄티노폴리스는 아주 오래전부터 유럽과 아시아를 연결하는 역할을 했어. 고대 그리스에 이어 로마 제국, 비잔티움 제국, 오스만 제국과 튀르키예가 차례대로 이 도시를 차지했어. 고대 그리스 때 이곳의 이름은 비잔티움이었어. 비잔티움은 항구 도시로 유명했는데 분위기가 방탕하다고 소문난 도시였어. 어느 여행자는 비잔티움의 사람들을 두고 '술독에 빠진 사람들'이라고 평가했단다. 로마 시대에 콘스탄티누스 대제는 비잔티움으로 수도를 옮겼어. 비잔티움은 당시 경제의 중심지인 이집트와 가까웠으며 문화의 중심지인 그리스와도 멀지 않았어. 게다가 도시가 해안으로 쭉 뻗어 있어서 적의 침입을 막기도 쉬웠어. 콘스탄티누스 대제는 비잔티움의 이름을 콘스탄티노폴리스로 바꿨는데 이는 '콘스탄티누스의 도시'라는 뜻이야. 이후 비잔티움 제국의 수도가 된 콘스탄티노폴리스는 당시 세계에서 가장 번영한 도시 중 하나였어. 도시의 인구 40만여 명 중 외국인이 8만여 명에 이를 정도로 국제적인 도시였단다.

◀ 성 소피아 성당에 있는 모자이크 중 하나인데, 콘스탄티누스 대제가 성모 마리아에게 콘스탄티노폴리스를 봉헌하는 모습이야.

키워 나갔어. 그리고 비잔티움 제국을 완전히 장악한 뒤에는 정복 전쟁에 나섰어. 약 20년간 이어진 전쟁을 통해 비잔티움 제국은 북부 아프리카와 에스파냐, 서부 이탈리아까지 로마의 옛 영토를 거의 되찾았단다.

비잔티움 제국의 영역
- 유스티니아누스 황제 시대의 영역(527~565년)
- 11세기 무렵의 영역

그런데 넓은 영토를 통치하다 보니 문제가 생겼어. 나라마다 법이 달랐던 거야. 넓은 제국에 적용할 만한 하나의 법이 필요했지. 유스티니아누스 황제의 명령에 따라 학자 수백 명이 옛 그리스와 로마의 법률들을 하나하나 살펴서 새로운 법을 만들어 냈어. 바로 '유스티니아누스 법전'이라고도 불리는 《로마법 대전》이었지. 그 뒤로 비잔티움 제국에 속한 사람들은 《로마법 대전》

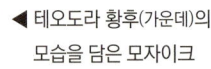

◀ 테오도라 황후(가운데)의 모습을 담은 모자이크

▲ 이탈리아 산비탈레 성당의 벽에는 유스티니아누스 황제와 신하들의 모습이 모자이크로 장식되어 있어. 후광을 두른 가운데 사람이 유스티니아누스 황제야.

을 따라야 했어.

유스티니아누스 황제가 로마의 옛 영토를 회복하고 법전을 만들자 나라의 기틀은 마련되었지만, 비잔티움 제국의 사정은 심상치 않았어. 온 나라를 휩쓴 전염병 때문이었지. 수도 콘스탄티노폴리스에서만 인구의 절반이 목숨을 잃을 만큼 무시무시한 전염병이었어. 유스티니아누스 역병이라고도 불린 전염병으로 제국 전체가 휘청거렸어. 역병으로 농민과 상인의 수가 줄어들자 세금도 제대로 걷히지 않았으며 자연히 군사력도 약해졌어. 그 틈을 타서 주변의 다른 민족들이 국경을 침략하는 일이 잦아졌지.

유스티니아누스 황제가 죽고 나서 그 뒤를 이은 황제는 거대해진

역병은 집단적으로 발생하는 전염병인데, 대체로 급성으로 발병하지.

비잔티움 제국에 대한 고민을 이렇게 표현했단다.

"아바르족과 사나운 프랑크족과 게피다이족이 사방에서 깃발을 나부끼며 우리를 공격해 오는구나. 이 사나운 적들을 물리치려면 어떤 힘을 찾아야 하겠는가? 오, 로마의 힘은 사라졌는가!"

그 뒤로도 비잔티움 제국의 여러 황제들이 넓은 영토를 다스리는 문제로 같은 고민을 했어.

《로마법 대전》

유스티니아누스 황제 시절에 만들어진 《로마법 대전》의 내용은 상당히 이성적이고 합리적이었어. 후대의 법률가들도 어려운 법률 문제가 생기면 《로마법 대전》을 펼쳐 볼 정도였지. 《로마법 대전》은 근대 유럽의 법질서에 큰 영향을 미쳤어. 여기서 잠깐 《로마법 대전》을 살펴볼까?

- 강은 모든 사람의 소유이다. 비잔티움 제국의 모든 사람은 누구나 강에서 물고기를 잡을 수 있다. 아무도 그것을 막아서는 안 된다.
- 바닷가에서 파도에 실려 온 보석이나 값진 물건을 발견한 사람은 그것을 가져도 된다.
- 남의 재물을 훔쳤다가 들통난 사람은 물건값의 네 배를 주인에게 갚아야 한다.
- 길가에서 나뭇가지를 자를 때 행인들에게 다음과 같이 경고해야 한다. "떨어지는 나뭇가지를 조심하시오." 만약 그렇게 하지 않았다가 행인이 머리를 다치면 반드시 책임을 져야 한다. 경고를 했음에도 불구하고 행인이 나무 밑으로 걸어가 떨어지는 나뭇가지에 머리를 다쳤다면 책임이 없다. 그것은 경고했는데도 주의하지 않은 행인의 잘못이다.
- 주교나 사제가 기도와 설교를 할 때는 모두가 다 들을 수 있도록 큰 소리로 해야 한다. 그렇게 하지 않으면 신이 그를 벌할 것이다. 그리고 황제도 그를 벌하리라.

둘로 갈라진 크리스트교

"뭐라고? 이제부터 주교를 임명할 때 꼭 보고하라니! 게다가 무슨 일이 생기면 콘스탄티노폴리스 대주교의 편을 들어야 한다고? 내 비잔티움 황제를 가만두지 않겠어."

로마 교황은 비잔티움 제국의 황제가 보낸 편지를 읽다가 소리를 쳤어. 지금까지 모든 사람들이 자신을 교회의 우두머리로 인정해 왔는데 갑자기 교황인 자신을 무시하고 이래라저래라 하는 편지를 받으니 분통이 터졌거든.

반면, 비잔티움 제국의 황제는 생각이 달랐어.

"왜 로마 교황이 모든 일을 마음대로 결정하는 거지? 각 지역의 교회들을 주관하는 대주교들이 함께 뜻을 모아서 교회 일을 결정하는 게 맞잖아."

교회를 이끄는 문제로 로마 교황과 비잔티움 제국 황제의 의견 차이가 갈수록 벌어졌어. 그러다 결국 양쪽이 완전히 등을 돌리는 사건이 발생했지.

어느 여름, 해일이 발생해서 비잔티움 제국의 많은 사람들이 다치거나 목숨을 잃었어. 비잔티움 제국의 황제는 해일을 하느님의 심판이라고 해석하며 성상 숭배가 원인이라고 주장했어. 더 나아가 성상을 모두 없애야 한다면서 그 근거로《성경》말씀을 내세웠어.《성경》에는 하느님이 이스라엘 백성에게 내린 열 가지 계율인 십계명이 나오는데 거기에는 '너희는 신의 모습을 본뜬 모양을 만들지 말고, 그

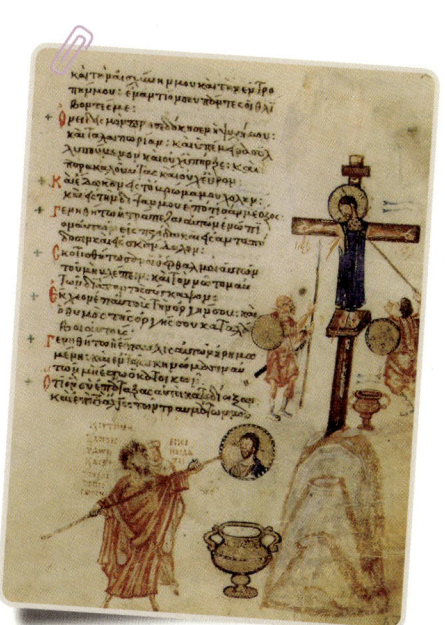

▲ 성상 파괴는 예수에게 창을 들이대는 것과 마찬가지라며 로마 교회는 성상 파괴 운동에 반대했어.

것에 절하지 마라.'라는 구절이 있거든. 즉 예수님이나 하느님, 천사를 조각하고 그리는 것은 성경의 가르침에 어긋나는 것이 되는 셈이야. 그러니 황제의 주장이 아주 터무니없지는 않았어. 황제의 명령에 따라 비잔티움 제국에서는 수도원에 보관된 성화와 성물들이 파괴되었고, 성상을 간직한 자들은 붙잡혀서 혹독한 처벌을 받았단다.

로마 교황은 비잔티움 제국의 성상 파괴 운동을 보며 분노했어. "성상에 함부로 손을 대는 자는 파문에 처하겠다."라고 선언했지. 교황으로서는 성상을 포기할 수 없었어. 당시 일반 사람들은 성경을 읽거나 가질 수 없었기 때문에 신앙심을 심어 주려면 그림이나 조각으로 신의 모습을 보여 주어야 했던 거야. 또한 크리스트교에 대해 모르는 이민족들에게도 크리스트교를 설명하려면 그림이나 조각이 필요했어. 아마도 예전의 교황이라면 비잔티움 제국의 지시를 쉽게 무시하지는 못했을 거야. 로마 교회를 이민족의 침입에서 지키려면 비잔티움 제국의 도움이 필요했거든. 그런데 얼마 전, 서유럽의 프랑크 왕국이 로마 교회의 보호자가 되겠다며 교황에게 손을 내밀었어. 곧이어 로마 교회를 위협하던 게르만족을 쫓아냈으며, 빼앗은 땅을 로마 교회에 기부하기까지 했지. 교황의 입장에서는 굳이 비잔티움 제국 황제의 눈치를 볼 필요가 없어진 셈이야. 로마 교황과 비잔티움

성상은 예수나 성모 마리아, 천사의 모습을 담은 조각이나 그림을 말하고 성물은 십자가, 묵주, 성모상 등 종교 의식에 사용하는 물건을 말해.

제국의 황제는 한 치의 양보도 없이 맞섰어. 교황은 종교 회의를 열어 황제를 비난했고 황제는 교황에게 기부했던 땅을 빼앗았단다.

이처럼 갈등을 이어 가던 로마 교회와 비잔티움 제국은 1054년에 공식적으로 갈라섰어. 교황청에서 보낸 사절단이 콘스탄티노폴리스 대주교를 파문한다고 선언했지. 그러자 콘스탄티노폴리스 대주교 역시 교황을 파문했어. 그 결과, 크리스트교는 교황을 중심으로 한 로마 가톨릭교회와 비잔티움 제국의 정교회로 갈라서게 되었어. 그 뒤 정교회는 동유럽 지역으로 퍼져 나갔어. 비잔티움 제국과 교류하던 많은 나라들이 정교회를 받아들였지.

그리스 정교회는 정통성이 있는 교회라는 뜻으로 올바른 가르침과 올바른 믿음, 올바른 예배를 강조했어. 로마 교황이 다른 대주교보다 권위가 높다는 것을 인정하지 않으며, 결혼한 사람도 성직자가 되는 것을 허용했어. 그리스 정교회는 초대 교회의 전통을 가장 잘 이어 가는 교회라고 자부한단다. 그리스 정교회는 러시아, 이집트 등으로 확산되어 지금도 전해지고 있어.

▲ 성모 마리아와 아기 예수의 모습을 그린 치마부에의 작품 〈성 삼위일체의 성모〉야. 로마 교회는 성경을 가지거나 읽을 수 없는 사람들을 위해 그림으로 보여 주었지.

초대 교회는 예수 그리스도가 승천한 뒤 예루살렘에 세워진 교회가 여러 지방에 퍼진 것이야.

러시아 정교회의 부활절 달걀

부활절은 십자가에서 죽은 예수가 다시 살아난 것을 기념하는 날이야. 이날에는 부활을 상징하는 달걀을 예쁘게 꾸며서 선물하는 풍습이 있어. 러시아의 황제 알렉산드르 3세는 황후에게 아주 특별한 부활절 달걀을 선물했어. 보석 세공인인 파베르제가 만든 '암탉 달걀'이었지. 아름답게 장식된 달걀 안에는 황금으로 된 노른자가 들어 있었어. 노른자 안에는 황금 왕관을 쓴 암탉이 들어 있었지. 황후는 이 부활절 달걀이 너무나 마음에 들었어. 그래서 파베르제는 그 뒤 30여 년 동안 황제의 부활절 달걀을 만들었단다. 파베르제가 만든 부활절 달걀 중 대관식 달걀에는 황금은 물론 수십 개의 다이아몬드, 루비, 사파이어가 사용되었대. 정교회에서는 성탄절보다 부활절을 더 중요하게 여겨서 화려한 보석 달걀로 축하를 했던 거야. 물론 대다수의 러시아 정교회 교인들은 부활절에 소박한 달걀을 선물로 주고받는단다.

▲ 대관식 달걀

파베르제는 이 달걀을 만드느라 하루 16시간씩 15개월 동안 작업했다고 해.

비잔티움 문화

"우리는 그곳이 지상인지 천국인지 분간할 수가 없었습니다. 지상에는 그런 웅장함과 아름다움이 존재하지 않기 때문입니다. 그 광경을 형용할 길이 없습니다. 단 하나 깨달은 사실은 그곳에 하느님이 존재한다는 것입니다."

키예프 공국의 사절단에게 이런 찬사를 받은 곳은 바로 성 소피아 성당이야.

유스티니아누스 황제 역시 이 성당이 완성되었을 때 이렇게 외쳤대.

"솔로몬이여, 내가 그대를 이겼노라."

성 소피아 성당이 솔로몬 시대의 웅장한 성전보다 훨씬 훌륭하다는 뜻이었지. 성 소피아 성당은 4세기에 건축되다가 중단된 것을 유스티니아누스 황제가 개축하고 완성했어. 이 건물을 완성하기 위해 시리아와 이집트 등 각 지역에서 온갖 재료를 가져오기도 했대.

거대한 공을 절반으로 잘라 놓은 것처럼 보이는 돔 지붕과 화려한 모자이크로 꾸며진 성 소피아 성당은 비잔티움 양식을 대표하는 걸작으로 꼽혀. 비잔티움 양식은 우아하고 세련된 그리스·로마 문화와 크리스트교적 요소가 합쳐진 것이지.

성 소피아 성당의 모자이크는 무척이나 화려하고 밝게 빛나는데, 이는 금칠을 한 정육면체 유리로 그림을 꾸몄기 때문이야. 게다가 정육면체 유리를 모두 다른 각도로 붙여 놓았다는구나. 그래서 성 소피아 성당의 황금 모자이크에 햇빛이 비치면 빛이 수천수만 갈래

▲ 성 소피아 성당의 모자이크

슬라브족은 유럽의 동부 및 중부에 걸쳐 살며 슬라브어를 사용하는 여러 민족을 통틀어 이르는 말이야.

로 흩어지면서 마치 그림이 햇빛 속에 불타오르는 것처럼 보인대.

훗날 러시아 모스크바에 비잔티움 양식이 가미된 성 바실리 대성당이 세워졌어. 아홉 개의 돔이 갖가지 색깔과 모양으로 장식되었단다. 어떻게 비잔티움 제국의 비잔티움 양식이 러시아까지 전해졌을까?

당시 동유럽에는 슬라브족의 나라들이 세워지고 있었어. 그중의 하나가 키예프 공국이었지. 러시아의 기원이 된 키예프 공국은 비잔티움 제국과 교류하며 동유럽에서 가장 번성한 나라로 성장했어. 키예프 공국의 통치자는 비잔티움 문화만 받아들인 것이 아니었어. 비잔티움 제국의 공주와 결혼하며 정교를 받아들였어. 키예프 공국 외에도 비잔티

튀르키예 이스탄불의 성 소피아 성당 ▶

움 제국과 교류하던 동유럽의 여러 나라들이 정교를 받아들였어. 아울러 비잔티움 문화가 자연스럽게 슬라브족에 전파되면서 동유럽은 서유럽과 다른 문화권을 이루게 되었지. 동유럽 문화의 출발점이 바로 비잔티움 제국인 거야.

비잔티움 제국이 중요하게 여겼던 것은 그리스·로마의 고전이었어. 학교에서 《성경》 다음으로 호메로스의 작품을 가르칠 정도였지. 비잔티움 제국에서 이루어진 그리스·로마 고전에 대한 연구는 훗날 이탈리아에서 일어난 르네상스에 큰 영향을 끼쳤어.

호메로스는 고대 그리스 최고의 서사시인이야. 그리스 문학의 최대 걸작인 《일리아드》와 《오디세이》를 남겼지.

◀ 러시아의 이반 4세가 지은 모스크바의 성 바실리 대성당

성 소피아 성당의 운명

성 소피아 성당은 역사 속에서 많은 우여곡절을 겪었단다. 로마 제국 당시 처음 세워진 성 소피아 성당은 지진으로 거의 파괴되고 말았어. 오랜 기간에 걸쳐 다시 지었지만 유스티니아누스 황제 때에 일어난 폭동으로 불타 버렸어. 유스티니아누스 황제는 성 소피아 성당을 5년에 걸쳐 완전히 새로운 방식으로 다시 지었어. 그 결과 보는 사람의 감탄을 자아내는 아름다운 성당이 완성되었지만, 얼마 지나지 않아 성상 파괴 운동으로 성당 내부의 그림과 조각이 파괴되었단다. 그로부터 몇백 년이 지난 뒤에는 십자군이 몰려와서 성당의 제단을 파괴하고 성물을 가져가 버렸지. 십자군이 비잔티움 제국의 정교회를 정통 크리스트교로 여기지 않았기 때문이야.

성 소피아 성당의 고난은 그것으로 끝나지 않았어. 이슬람 세력인 오스만 제국이 콘스탄티노폴리스를 점령하면서 성 소피아 성당은 이슬람 사원으로 바뀌었어. 제단이 사라졌고 대부분의 모자이크는 회반죽으로 뒤덮였지. 또한 이슬람의 상징인 뾰족한 탑 네 개가 성당 옆에 세워졌어. 1930년경에 성 소피아 성당을 박물관으로 사용하기 시작하면서 성당 복원 작업이 이뤄졌어. 회반죽을 지우자 모자이크가 하나둘 모습을 드러냈지. 성 소피아 성당이야말로 수난의 역사를 고스란히 보여 주는 건축물이라고 할 수 있단다.

▼ 성 소피아 성당의 내부 모습이야. 벽면에 아랍어 서예 장식이 새겨져 있어.

비잔티움 제국의 멸망

비잔티움 제국은 중앙아시아의 유목민인 셀주크 튀르크 때문에 골치가 아팠어. 셀주크 튀르크가 아나톨리아반도로 쳐들어와서 눌러앉았거든. 황제가 군대를 이끌고 나가 싸웠지만 셀주크 튀르크에 크게 패배해 포로로 잡혔단다. 황제는 겨우 풀려났지만 그 뒤로도 셀주크 튀르크의 공격은 계속 이어졌지. 그 뒤 비잔티움 제국에 새로운 황제가 즉위했어. 하지만 그 역시 셀주크 튀르크 때문에 등에 식은땀이 날 정도였어. 흔히 바이킹으로 불리는 노르만족과 전쟁을 치르느라 정신이 없는데, 갑자기 셀주크 튀르크까지 쳐들어왔기 때문이야. 황제는 어쩔 수 없이 로마 교황에게 도움을 청했어. 서로 파문하며 공식적으로 갈라진 사이였지만, 달리 뾰족한 수가 없었던 거야.

사실 로마 교황 역시 셀주크 튀르크가 몹시 못마땅한 상태였어. 셀주크 튀르크가 성지인 예루살렘을 차지한 채 크리스트교를 괴롭혔기 때문이지. 교황은 이번 기회에 무슬림인 셀주크 튀르크를 몰아내고 크리스트교의 최고 권위자로 자리매김해야겠다고 다짐했어. 그래서 십자군을 비잔티움 제국이 아니라 예루살렘으로 보냈어. 비잔티움 제국은 결국 아무런 도움도 못 받은 셈이었지. 아니, 오히려 큰 피해를 입었단다. 바로 1202년부터 1204년에 걸친 제4차 십자군 원정 탓이었어.

십자군 원정은 여러 차례에 걸쳐 이루어졌는데, 네 번째로 원정에 나선 십자군은 이집트를 목표로 삼았어. 십자군은 지중해를 건너 이집트를 공격하기로 계획을 세웠어. 그래서 지중해 무역을 장악한 베네치아까지 갔지. 하지만 배를 타고 갈 돈이 없어서 발이 묶이고 말았지 뭐야. 그때 비잔티움 제국에서 왕위를 놓고 다투다 쫓겨난 황태자가 십자군을 찾아왔어. 황태자는 원정 비용을 책임지겠으니 비잔티움 제국의 왕위를 빼앗아 달라고 부탁했어. 십자군은 비잔티움 제국에 금은보화가 많다는 말에 귀가 솔깃하여 황태자의 제안을 받아들였어. 그런데 그들은 콘스탄티노폴리스로 쳐들어가 비잔티움 제국의 황제를 몰아내더니 황태자 대신 자신들이 제국을 세웠단다.

하지만 십자군이 콘스탄티노폴리스를 점령하고 세운 라틴 제국은 고작 60년 만에 망했어. 멀리 달아났던 비잔티움 황제의 후손들이 힘을 키워서 콘스탄티노폴리스를 되찾았거든. 그렇지만 이미 비잔티움 제국의 국력은 약해져 있었고, 수도 콘스탄티노폴리스는 망가질 대로 망가진 상태였어. 엎친 데 덮친 격으로 오스만 튀르크족이 세운 오스만 제국이 비잔티움 제국의 땅을 야금야금 빼앗아 갔어. 결국 비잔티움 제국은 수도인 콘스탄티노폴리스만 남게 되었지.

콘스탄티노폴리스는 바다로 둘러싸여서 공격하기 쉽지 않은 곳이었어. 비잔티움 제국은 오스만 제국의 군대가 해안가로 들어오지 못하도록 바다에 쇠사슬을 둘러서 막았어. 그러자 오스만 제국의 군대가 대포로 콘스탄티노폴리스를 공격했어. 당시 오스만 제국은 10만 명 이상의 군대를 이끌고 온 상태였어. 반면에 비잔티움 제국은 싸울 만한 사람을 모두 합쳐 봤자 7천 명에 불과했단다. 이미 승패가

베네치아는 당시 막강한 경제력으로 지중해를 장악하고 있던 나라였어. 베네치아는 십자군에게 뱃삯 대신에 아드리아해의 자라라는 도시를 공격해 달라고 했지. 자라는 원래 베네치아의 항구였는데 헝가리에 빼앗긴 상태였거든.

결정된 것이나 다름없었지. 오스만 제국의 술탄 메흐메트 2세는 비잔티움 제국 황제에게 사절을 보내 항복하라고 요구했어. 하지만 비잔티움 제국 황제는 이를 거절했지.

1453년 콘스탄티노폴리스의 성직자들은 성 소피아 성당에서 마지막 예배를 드렸어. 비잔티움 제국의 황제 역시 예배에 참석하고서 병사들을 지휘하러 나갔어. 오스만 제국의 병사들이 벌 떼처럼 성벽을 공격하고 있었지. 마침내 성문 하나가 활짝 열렸어. 비잔티움 제국의 황제는 끝까지 싸우다가 죽음을 맞이했어. 오스만 제국의 병사들은 콘스탄티노폴리스를 휩쓸고 다니며 사람을 죽이고 재물을 약탈했어.

▲ 삼면이 바다로 둘러싸인 콘스탄티노폴리스

◀ 오스만 제국 메흐메트 2세의
　콘스탄티노폴리스 입성

　콘스탄티노폴리스의 함락은 중세 역사에서 중요한 사건으로 꼽힌 단다. 근근이 이어져 오던 로마 제국의 명맥이 완전히 끊어진 순간 이었거든.

그리스의 불

비잔티움 제국은 '그리스의 불'이라는 특별한 무기를 갖고 있었는데, 바다에서 싸울 때 특히 유용했어. 화염을 멀리 발사하여 바다에 떠 있는 적의 함대를 공격할 수 있었거든. '그리스의 불'은 물속에서도 계속 타올랐기 때문에 공격을 당한 쪽에서는 손쓸 방법이 없었어. 배에 불이 붙으면 침몰할 때까지 타올랐지. 한번 불이 붙으면 불길을 잡기 어렵기 때문에 무기를 사용할 때도 조심해야 했단다. 이슬람 군대가 이 무기의 비밀을 캐내려고 노력했지만, 아무것도 알아내지 못했어. 왜냐하면 "로마 제국의 콘스탄티누스 대제가 천사에게서 '그리스의 불'을 만드는 법을 직접 전해 받았다."라는 이야기가 전해 내려올 정도로 비밀에 싸여 있었거든.

▼ 그리스의 불을 사용하는 비잔티움 해군을 그린 그림

놀랍게도 '그리스의 불' 제조법은 오늘날까지도 밝혀지지 않았단다.

 세계사가 한눈에 쏙!

01 비잔티움 제국은 스스로 고대 로마의 계승자라고 주장했다. 중앙 집권 체제를 유지하고 황제 교황주의를 내세우며 서유럽과 다른 길을 걸었다.

02 유스티니아누스 황제는 로마 제국의 옛 영토를 거의 다 되찾았으며 《로마법 대전》을 완성하여 근대 법률의 기초를 마련했다.

03 비잔티움 제국은 로마 교회가 크리스트교 공동체의 대표라는 것을 받아들이지 않았다. 또한 성상 파괴 운동으로 인해 비잔티움 제국과 로마 교회는 갈등이 깊어졌다. 마침내 크리스트교는 로마 가톨릭과 정교회로 나뉘었다.

04 비잔티움 문화의 특징은 그리스·로마 문화와 크리스트교의 결합이다. 웅장한 돔과 모자이크로 꾸며진 성 소피아 성당은 비잔티움 양식을 대표하는 건축물이다. 그리스·로마 고전의 연구는 훗날 이탈리아의 르네상스에 큰 영향을 미쳤다.

05 셀주크 튀르크족의 잦은 침입과 제4차 십자군 원정으로 비잔티움 제국의 국력은 약해졌다. 거의 모든 땅을 빼앗기고 수도인 콘스탄티노폴리스만 남은 상태에서 오스만 제국에 멸망했다. 비잔티움 제국의 몰락으로 로마의 전통은 더 이어지지 못했다.

4장
인도와 동남아시아

- 굽타 왕조의 북인도 통일
- 힌두교의 성립과 발전
- 이슬람 세력의 인도 침입
- 델리 술탄 왕조의 건립
- 남인도
- 동남아시아의 발전

아시아 남부, 인도반도의 대부분을 차지하고 있는 인도는 인구수가 세계 1위이고 나라 면적은 세계 7위야. 힌두교와 불교, 자이나교, 시크교, 네 개 종교가 탄생한 곳이며, 이슬람교를 믿는 사람들도 있지. 한마디로 인도는 종교와 떼려야 뗄 수 없는 관계란다.

인도의 수도 뉴델리에서는 소들이 길거리를 자유롭게 돌아다니는 모습을 볼 수 있어. 힌두교는 소를 숭배하기 때문에 아무도 소를 쫓아내지 않는 거야. 인도 종교 인구의 80퍼센트 이상이 힌두교를 믿고 있지.

힌두교는 인도에서 어떻게 발전했을까? 또 이슬람교는 인도에 어떤 영향을 미쳤을까? 신과 사람이 어우러져 살아간다는 신비한 인도에서 4세기 굽타 왕조부터 15세기 이슬람 왕조까지 무슨 일이 일어났는지 알아보자. 아울러 인도와 가까운 동남아시아의 나라들은 어떤 역사를 가지고 있는지 함께 둘러보자꾸나.

▼ 갠지스강의 모습

굽타 왕조의 북인도 통일

굽타 가문의 찬드라굽타 1세는 싱글벙글 웃음이 났어. 리차비 왕가의 공주와 결혼하게 되었거든. 굽타 가문은 소왕, 즉 작은 범위의 권한을 가진 왕이었으나, 리차비 왕가의 공주와 결혼하게 되었으니 세력이 더욱 커질 것은 당연했지. 찬드라굽타 1세는 주변의 작은 왕국들을 정복해 갔어. 그리고 찬드라굽타 2세는 더 많은 왕국을 정복하여 320년 마침내 북인도를 통일했지. 그 뒤에도 정복 활동은 계속되어 갠지스강 유역에서 일어난 굽타 왕조는 인더스강 유역까지 영토를 확장하고 전성기를 맞이했어.

◀ 굽타 왕조의 최대 영역

굽타 왕조가 지배하는 동안 인도는 해상 무역이 발달했어. 중국과 동남아시아뿐만 아니라 멀리 떨어진 로마 제국과도 교역하면서 인도는 풍요로워졌어. 주로 향신료와 보석, 면화 등을 팔았는데 금화와 은화가 사용될 정도로 경제 활동이 활발해졌단다. 굽타 왕조의 수도인 파탈리푸트라의 성은 얼마나 컸던지 성문이 64개에 이를 정도였어. 게다가 궁전 기둥을 황금으로 만든 포도 넝쿨로 장식했으며 정원에는 공작새가 돌아다녔다는구나.

굽타 왕조 시기에는 시인과 극작가들의 활동도 왕성했어. 그 결과, 인도의 대표적인 서사시 작품들이 탄생했어. 인도 민족의 전쟁 이야기를 담고 있는 《마하바라타》는 인간의 마음에서 일어나는 선악의 투쟁을 흥미진진하게 그려 냈다는 평가를 받는단다. 더구나 이처럼 매력적인 이야기를 인도 언어인 산스크리트어로 썼기 때문에 더욱 의미가 크다고 할 수 있지.

대표적인 유적으로는 아잔타 석굴을 꼽을 수 있어. 인도에서는 한동안 불교가 왕성하게 발전했는데, 힌두교를 국교로 삼은 굽타 왕조가 들어서면서 불교 세력이 서서히 약해졌

> 서사시는 일반적으로 한 민족이나 국가의 운명을 걸머지고 있는 신이나 영웅의 이야기를 읊은 시야.

▲ 《마하바라타》의 한 장면으로, 《마하바라타》는 왕실의 사촌 형제들 사이에서 벌어진 왕권 쟁탈 전쟁 이야기야.

어. 그렇다고 불교 예술까지 쇠퇴한 것은 아니었어. 인도의 승려들은 깎아지른 듯한 절벽에 동굴을 만든 뒤 부처의 가르침을 공부하며 동굴 벽에 부처의 일생이나 말씀을 그림과 글로 새겼어.

이 시기에는 과학의 발전도 눈부셨어. 특히 수학자들은 숫자 '0'을 처음 사용했고, 천문학자들은 지구가 둥글다고 믿었으며, 지구의 그림자 때문에 달이 가려지는 월식의 원리를 발견했어. 또한 지구의 자전과 공전 개념을 주장했어. 당시 굽타 왕조의 과학 수준이 얼마나 높았는지 알겠지? 이 시기 발달한 과학은 이슬람 사회를 거쳐 유럽으로 전파되어 유럽 근대 과학에 영향을 미쳤어.

굽타 왕조 때 경제와 사회, 예술, 종교, 건축 등 모든 분야가 발전을 이루었어.

▼ 카일라사 사원이야. 굽타 왕조 때에는 인도 전역에 아잔타 석굴 사원 같은 석굴들이 천여 개가 넘게 있었다고 해. 굽타 왕조가 몰락하고 난 뒤에도 계속해서 석굴 사원들이 만들어졌지. 카일라사 사원은 거대한 바위산 하나를 통째로 깎아서 만든 거래. 7천 명이 넘는 일꾼이 150년에 걸쳐서 사원을 건설했다고 해.

굽타 왕조를 인도의 황금시대로 일컫는단다. 도시는 깨끗했으며 사람들은 아름다운 정원을 갖춘 집에서 호사스럽게 살았어. 귀걸이나 팔찌, 목걸이 등 다양한 장식품이나 사치품이 등장했으며 남녀 모두 화장품을 사용하여 아름다움을 뽐내기도 했어.

이렇게 번성했던 굽타 왕조는 제국을 이룬 지 200년이 지나자 서서히 기울어졌어. 중앙아시아의 유목민 에프탈족의 침략을 받았기 때문이었어. 굽타 왕조는 영토를 빼앗기고 세력이 약해지다가 결국 멸망했어. 그러자 굽타 왕조의 지배를 받던 나라들이 너도나도 독립을 선언했어. 굽타의 통일 왕조가 붕괴된 거야.

아잔타 석굴

아잔타 석굴은 인도 마하라슈트라주의 도시 아잔타의 절벽에 뚫어 놓은 30여 개의 동굴을 합쳐서 부르는 말이야. 인도에서 불교가 쇠퇴하자 승려들은 이렇게 동굴 사원을 만들고 생활했어. 얼마 뒤 불교 승려들이 하나둘 떠나고 나서는 동굴도 사람들의 기억 속에서 사라져 갔어. 그렇게 아주 오랜 시간이 흘렀어. 19세기 들어 어느 날, 영국의 군인이 호랑이 사냥을 하러 돌아다니다가 우연히 아잔타 석굴의 동굴 하나를 발견한 거야. 그렇게 아잔타 석굴은 다시 세상에 알려졌지. 30여 개의 아잔타 석굴은 동쪽에서부터 서쪽으로 차례차례 번호가 매겨져 있어. 폭이 좁은 입구를 통해 안으로 들어가면 동굴의 벽면에 새겨진 굽타 양식의 불상을 볼 수 있단다.

▼ 아잔타 석굴 전경

어떤 동굴에는 누워 있는 불상이 조각되어 있는데, 길이가 무려 7미터가 넘는다는구나. 과학자들은 석굴 하나를 만드는 데만 수십 년이 걸렸을 것이라고 추정하고 있어. 아잔타 석굴은 1983년에 유네스코 세계 문화유산에 등재되었어.

▲ 아잔타 석굴 내부

힌두교의 성립과 발전

'힌두'는 인도를 가리키는 말이야. 따라서 힌두교는 인도의 종교라는 뜻이지. 굽타 왕조가 힌두교를 장려하고 후원하면서 힌두교는 크게 발전할 수 있었어. 힌두교는 고대부터 전해 내려오는 브라만교와 불교, 인도의 민간 신앙 등이 합쳐진 종교야.

브라만교는 전생에 어떻게 살았느냐에 따라 현재의 신분이 결정된다고 믿었어. 태어나면서부터 신분이 정해진다니 브라만을 제외한 나머지 신분의 사람들은 억울했을 거야. 게다가 브라만교는 제사

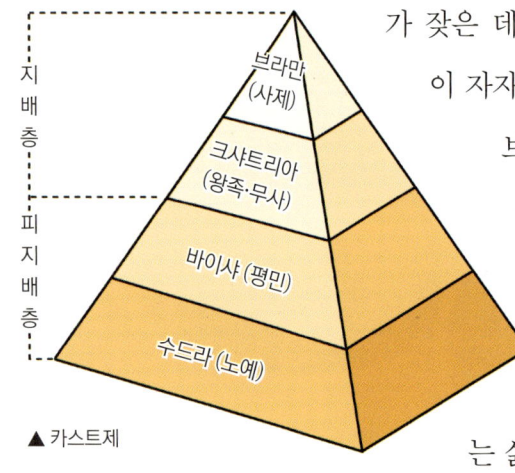
▲ 카스트제

가 잦은 데다 엄청난 사례금까지 요구했기에 사람들의 원성이 자자했어.

브라만교에 대한 불만이 늘어나는 가운데 새로운 종교가 나타났어. 석가모니가 창시한 불교였지. 조그만 왕국의 왕자였던 석가모니는 브라만교가 인간의 불행을 없애지 못한다고 생각했단다. 석가모니는 누구나 욕심을 버리고 절제하는 삶을 살면 깨달음을 얻을 수 있다고 가르쳤어.

석가모니는 브라만교의 좋지 않은 면을 다음과 같이 지적했어.

"귀하고 천한 것은 태어났을 때 결정되는 것이 아니라 행동에 따라 결정된다."

엄격한 신분 사회에 불만을 가진 사람들로서는 귀가 솔깃했겠지? 크샤트리아와 바이샤 계급이 불교를 적극 지원했어. 불교는 짧은 시간에 널리 퍼져 나갔으며, 얼마 뒤에는 마우리아 왕조의 아소카왕과 쿠샨 왕조가 불교를 바탕으로 나라를 다스리기도 했어. 반면에 브라만교는 찾는 사람이 줄어들면서 위기에 처했지. 브라만교는 인도의 민간 신앙을 받아들이고 지나친 제사 의식을 줄이는 등 변신을 꾀하여 굽타 왕조에 이르러 힌두교로 발전하게 되었어.

힌두교에서는 왕을 신이나 신의 후계자로 여기기 때문에 왕을 신격화하기 위해 힌두교가 필요했던 셈이지. 하지만 다른 신분의 사람들은 카스트제를 따르는 힌두교에 불만이 있지 않았을까? 힌두교에

신격화는 어떤 대상을 신의 자격을 가진 것으로 만드는 걸 말해.

서는 지금 자신의 신분에 따른 의무를 충실히 지켜야만 다음 생에 더 나은 신분으로 태어난다고 가르쳤어. 그 가르침 때문에 사람들은 자신의 상황을 받아들이고 열심히 살기 위해 노력했어. 각각의 카스트는 부모의 직업을 물려받았으며 카스트가 다를 경우 결혼은 금지되어 있었어. 높은 신분 계급에 있는 사람들은 낮은 신분의 사람 곁에 가는 것조차 꺼려했지. 굽타 왕조 이후 인도인의 삶을 결정짓는 것은 카스트제였어.

인도에서 불교는 어떻게 되었을까? 자비와 평등을 강조하던 불교는 점차 힌두교를 닮아 갔어. 명상과 고행이 중심을 이루던 불교가 언제부터인가 재물을 바치며 소원을 비는 종교로 바뀌었단다. 심지어 부처를 힌두교의 신으로 모시는 사원이 생겨날 정도였어. 오늘날 인도의 불교 신자는 3퍼센트에도 미치지 못한다는구나. 인도에서 태어난 불교가 소수 종교로 밀려난 거야.

그럼 인도의 힌두교 신자는 얼마나 될까? 전체 종교 인구의 80퍼센트 이상이 힌두교 신자란다. 따라서 인도가 궁금하다면 힌두교부터 알아야 해. 인도에서 힌두교는 종교를 넘어서 생활이기 때문이지. 카스트제에 따라 지켜야 할 의무를 정리한 《마누 법전》은 신을 믿는 방법뿐만 아니라 어떻게 살아야 하는지를 정하고 있단다. 《마누 법전》에는 힌두교 신자가 인도를 벗어날 경우 카스트 신분을 빼앗기고 사회에서 쫓겨난다고 적혀 있어. 그래서 나라 밖으로 나가는 것을 꺼리는 힌두교 신자들이 많았단다.

> 명상은 고요히 눈을 감고 깊이 생각을 하는 것이고, 고행은 자신이 원하는 뜻을 이루기 위해 의도적으로 마음을 괴롭게 하는 일을 말해.

힌두교의 신들

힌두교에는 셀 수 없이 많은 신들이 존재한단다. 그중에서도 브라흐마와 비슈누, 시바가 가장 중요한 신이야. 세 명의 신을 바탕으로 다시 여러 신이 나타났기 때문이지.

브라흐마는 힌두교 최고의 신이야. 연꽃에서 태어났다는 전설 때문에 연꽃과 함께 표현될 때가 많아. 동서남북을 볼 수 있는 네 개의 얼굴과 네 개의 팔이 있는 브라흐마는 창조를 주재하는 신이야. 비슈누는 힌두교 신자들이 가장 좋아하는 신이야. 질서를 유지하고 세상이 위기에 처하면 인간의 모습으로 나타나 세상을 구해 주거든. 비슈누 역시 팔이 네 개인데 각각 방망이, 소라고둥, 연꽃, 수레바퀴를 들고 있어. 시바는 세상을 파괴하는 신이야. 시바 신의 모습은 시체를 짓밟은 채 춤을 추는 등 악독한 모습으로 표현되고 있어. 그러나 파괴가 없으면 창조도 이뤄질 수 없기 때문에 중요한 신으로 꼽힌단다. 힌두교에서는 브라흐마가 세상을 창조하면 비슈누는 유지하고 시바는 파괴한다고 생각해. 그리고 다시 브라흐마가 창조하면서 세상이 끊임없이 돌아가는 거야.

▲ 질서를 유지하는 신 비슈누

▲ 창조의 신 브라흐마

▲ 파괴의 신 시바

한편, 힌두교는 인도를 넘어 동남아시아 지역으로 퍼져 나갔어. 바닷길을 통해 무역을 하던 인도 상인들이 동남아시아에 정착하면서 사원을 짓고 예배를 드렸거든. 동남아시아 왕들은 힌두교가 왕을 신처럼 모신다고 하자 적극적으로 받아들였어. 이를 대표하는 유적이 캄보디아의 앙코르 와트란다. 크메르 왕국의 왕이 지은 힌두교 신 비슈누의 사원이지. 힌두교는 왕이 죽으면 그가 믿던 신과 하나가 된다고 여겼어. 그 때문에 힌두교를 받아들인 왕들은 웅장한 사원을 지었어.

이슬람 세력의 인도 침입

"뭐라고? 또 쳐들어왔다고?"

인도 북부의 왕국들은 두려움에 떨었어. 8세기 초부터 중앙아시아 튀르크 계통의 이슬람 세력이 시도 때도 없이 침략했거든. 인도 서북부 지역에 자리하고 962년 건립한 가즈니 왕조는 북인도의 펀자브 지역을 차지한 이후 인도 침략이 더욱 잦아졌어. 그중에서도 1173년부터 1206년까지 재위했던 무함마드왕은 17차례나 인도의 왕국을 공격했단다. 무함마드왕은 힌두교 사원을 약탈하고 파괴하는 한편 인도에 이슬람 문화를 확산시키는 데 큰 역할을 했어. 인도 상인들은 중앙아시아 쪽과 무역을 하는 데 이들이 도움이 된다고 생각했어. 그래서 북인도 지역에는 이슬람의 문화와 종교가 자연스럽게 확산되었어.

가즈니 왕조의 지배를 받던 구르 왕조는 가즈니 왕조가 약해진 틈을 타 아프가니스탄의 본거지를 차지하고 1190년 무렵 인도 내륙으로 세력을 확장하였어. 델리 부근을 손에 넣어 인도 진출의 발판을 마련한 구르 왕조는 북인도 지역 대부분을 차지하였지.

델리 술탄 왕조의 건립

무함마드왕이 죽고 난 뒤 그의 노예였던 아이바크가 북인도의 술탄이 되었어. 아이바크는 인도의 이슬람화에 앞장서며 독자적인 이슬람 왕국, 델리 술탄 왕조를 세웠어.

▼ 아이바크의 델리 점령을 기념하기 위해 세운 탑인 쿠트브 미나르야. 힌두 양식과 이슬람 양식이 혼재되어 있지.

델리 술탄 왕조는 지방의 자치를 어느 정도 허용하였고 인구의 다수를 차지하고 있던 힌두교도에 대해 인두세를 걷는 것 외에는 별다른 차별을 하지 않았어. 또한 이슬람교로 개종하는 사람들에게는 세금을 줄여 주고 죄를 사면해 주었어. 이러한 정책으로 점차 이슬람교로 개종하는 인도인이 늘어났어. 북부 지방을 중심으로 힌두 문화와 이슬람 문화가 융합된 문화가 발달하였지.

남인도

어느 항구의 시장에서 유럽 상인이 뭔가를 집어 들고 킁킁 냄새를 맡더니 고개를 끄덕였어.

"아주 품질이 좋은 후추로군. 내가 사겠소. 이 금을 받으시오."

인도 상인은 흡족한 표정으로 금을 챙긴 뒤 자루에 든 후추를 건넸어.

인도의 북부에는 아리아인이 사는 반면에, 남부에는 드라비다족이 살고 있었어. 인도 남부와 북부 사이에는 울창한 밀림이 가로막고 있어서 사람들의 교류가 쉽지 않았어. 그래서 이슬람 세력이 북부를 차지했을 때도 남부에는 힌두교 왕조가 끊임없이 들어섰어. 남부의 힌두교 왕조는 외부와 교류하기 위해 주로 바다를 이용했어. 인도 남부의 항구마다 세계 곳곳의 상인들로 북적였지.

남부의 힌두교 왕조 중 촐라 왕조는 해상 무역이 발달한 나라로 이름을 날렸어. 전성기였던 라젠드라 1세 때에는 북쪽의 벵골 지역

아리아인이 인도를 차지하기 전부터 이미 드라비다족은 인도 전역에 걸쳐 살고 있었어. 아리아인은 인도·유럽 어족에 속하며 인도를 차지하고 중앙아시아, 이란 등에서도 살던 고대 민족이야.

까지 차지하면서 인도의 동부 해안 지대를 완전히 장악했단다. 그뿐만 아니라 군대를 보내 동남아시아와 중국을 잇는 바닷길을 지키면서 해상 무역에 온 힘을 쏟았어. 덕분에 촐라 왕조 상인들은 어느 나라의 공격도 받지 않고 자유롭게 바다를 넘나들 수 있었어.

외국의 상인들이 촐라 왕조의 항구에서 주로 사들인 것은 향신료와 면직물, 상아, 진주 등이었어. 인도의 후추와 면직물이 유럽에서 폭발적인 인기를 끌자 유럽 상인들은 인도까지 이어지는 바닷길을 개척하려고 애를 썼지. 부유해진 촐라 왕조는 많은 도시와 항구, 힌두교 사원 등을 만들었어. 특히 촐라 왕조가 세운 힌두교 사원은 웅장하고 아름답기로 유명해. 그중에서도 브리하디스와라 사원은 높이 60미터가 넘는 거대한 사원으로, 수많은 조각상과 벽화로 꾸며져 있단다. 촐라 왕조의 국왕은 브리하디스와라 사원이 완성되었을 때 보석과 황금은 물론, 시바 신을 위해 춤추고 노래하는 무희 400명까지 하사했어.

▶ 촐라 왕조의 영토와 영향권
- 무역로
- 촐라 왕조의 영역
- 촐라 왕조의 영향권

하지만 이렇게 부와 번영을 누린 촐라 왕조는 다른 나라의 공격도 많이 받았어. 결국 13세기 초 촐라 왕조가 망하고 인도 남부는 다시 여러 개의 나라로 나뉘었어. 그러다가 100여 년쯤 지나서 1336년, 힌두교도들이 '비자야나가르'라는 나라를 세웠어. 비자야나가르는 데칸고원 일부를 점령하고 인도 남부를 장악했지.

비자야나가르의 수도에 살고 있는 사람들은 50만 명에 이르렀으며 성 주변의 시장 네 곳에는 전 세계에서 모여든 상인들로 북적거렸어.

당시 비자야나가르를 방문한 페르시아 관리가 이렇게 말할 정도였어.

"이 도시와 비교할 만한 곳은 세계 어디에서도 찾아보기 어렵다."

한편, 이슬람 세력은 인도의 남부를 호시탐탐 노렸어. 비자야나가르는 이슬람의 침입에 대비하여 수도에 성벽을 일곱 겹으로 쌓고 기병대를 훈련시켰어. 하지만 그럼에도 이슬람 군대를 막아 내지 못했

비자야나가르는 촐라 왕조처럼 항구를 이용한 해상 무역이 번성한 나라였어.

브리하디스와라 사원은 지어질 당시 인도에서 가장 큰 사원이었어.

▼ 브리하디스와라 사원

어. 이후 이슬람 세력이 계속 영토를 넓혀 나가 결국 몇몇 지역을 제외하고 남인도는 모두 이슬람 세력의 지배를 받게 되었어. 인도 전체가 이슬람 세력에게 넘어갔던 거야.

역사 속 상식 쏙

인도와 후추

음식에 향을 더해 주는 후추의 원산지는 인도 남부야. 유럽 사람들은 처음에 아라비아 상인들을 통해 후추를 사들였는데, 값이 금이니 은보다 비쌌어. 후추를 원하는 왕족과 귀족이 늘어나면서 후추 가격은 나날이 치솟았어. 보석처럼 후추를 한 알씩 판매하기도 했으며, 세금을 낼 때 돈 대신 사용하기도 했지. 후추의 인기가 높아지자 유럽인들은 아라비아 상인들을 통하지 않고 직접 후추를 구하기 위해 바닷길을 개척했어. 특히 인도 항로를 개척한 바스쿠 다 가마가 후추를 독점해 엄청난 부를 축적하자 유럽인들이 너도나도 인도로 향했어. 항해 도중에 풍랑을 만나 침몰하는 배도 많았지만, 열 척 중 한 척만 돌아와도 부자가 될 정도였다고 하니 당시 후추의 가치가 어느 정도였는지 짐작할 수 있겠지? 그러나 유럽인들의 후추에 대한 욕심이 점점 커지면서 문제가 생겼어. 포르투갈이 무력으로 인도 남서부를 정복한 거야. 무역 시장을 장악하고 후추를 독점할 목적이었지. 이처럼 검은 황금이라고 불리는 후추 때문에 인도는 아픈 역사를 겪어야 했단다.

▲ 인도의 항구 도시 캘리컷에 도착하는 바스쿠 다 가마

동남아시아의 발전

동남아시아 나라들은 중국과 인도 양쪽의 문화적 영향을 받았어. 중국에서 한자와 유교가 전파되고 인도에서 불교와 힌두교 등이 들어왔어. 8세기 무렵에는 바닷길을 따라 교역에 나선 이슬람 상인들이 활동하면서 동남아시아에 이슬람 문화가 유입되기 시작했어.

베트남 북부는 오랜 기간 동안 중국의 지배를 받다가 독립하여 11세기에는 나라 이름을 대월로 정했어. 베트남 중남부의 참파는 힌두교를 수용하고 해상 무역으로 번영하면서 영토를 크게 넓혔지.

크메르족이 세운 진랍은 6세기 중엽에 부남에게서 독립하여 발전하였고, 9세기에 수도를 앙코르로 옮겼어. 앙코르 왕조의 앙코르 톰, 앙코르 와트 등의 문화유산은 당시 번영했던 모습을 잘 보여 주지.

타이 지역에서는 6세기 무렵에 드바라바티가 건국되어 번영했어. 수마트라섬 동부에서는 7세기 무렵에 스리위자야 왕조가 일어나 말라카 해협을 장악하며 번영했어. 자와섬에서는 8세기에 샤일렌드라 왕조가 일어나 해상 무역으로 번성하였어.

▼ 자와섬에 있는 보로부두르 불탑이야. 불교 예술의 정수를 보여 주지.

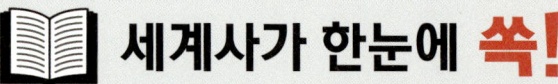# 세계사가 한눈에 쏙!

01 굽타 왕조는 분열된 인도의 북부를 통일했다. 해상 무역이 발달했으며 힌두교를 국교로 삼았다. 굽타 왕조의 대표적인 예술 작품은 아잔타 석굴이다.

02 힌두교는 브라만교와 민간 신앙이 합쳐진 종교이다. 굽타 왕조 때 국교가 되면서 인도의 대표 종교로 성장했다. 힌두교로 인해 카스트제가 강화되고 불교가 쇠퇴했다.

03 이슬람 유목민이 북부 인도로 쳐들어와서 힌두교 사원을 파괴하고 재물을 약탈했다. 13세기에는 델리에 이슬람 왕조가 들어섰다. 델리 술탄 왕조가 종교에 대해 관용 정책을 펴자 이슬람교를 믿는 인도인들이 늘어났다.

04 남인도는 북인도와 달리 힌두교 왕조가 들어섰다. 그중에서도 촐라 왕조는 바닷길을 통한 무역과 힌두교 전파에 힘썼다. 촐라 왕조 이후 비자야나가르 왕조가 들어섰으나 이슬람 세력을 막지 못하고 서서히 몰락했다.

05 동남아시아의 여러 나라는 중국과 인도의 영향을 받으면서도 독자적인 문화를 만들어 냈다.

5장
중국과 북방 민족

| 유목민의 화북 점령과 민족 이동
| 남북조 시대
| 수의 중국 재통일
| 당의 건국과 발전
| 송의 건국과 문치주의
| 당과 송의 문화
| 북방 민족의 성장

중국은 세계에서 두 번째로 인구가 많으며 러시아와 캐나다, 미국 다음으로 땅이 넓은 나라야. 중국을 최초로 통일한 나라는 진이었어. 그 뒤로 400년 가까이 한이 집권했고, 약 360년 동안 위진 남북조 시대가 펼쳐져서 여러 왕조가 등장하고 몰락했어. 유비와 제갈공명, 조조 등 《삼국지연의》에 나오는 인물들도 이때 활약했지. 이 혼란스러운 상황을 잠재운 것은 수였어. 수가 중국 전체를 통일하며 잠시 평화가 찾아온 거야. 수는 오랜 전쟁으로 피폐해진 중국을 어떻게 일으켰을까? 그리고 왜 갑자기 망했을까? 그 뒤를 이어 등장한 당과 송의 특징은 무엇일까? 이제부터 수를 시작으로 당과 송으로 이어지는 중국의 역사를 살펴보려고 해. 아울러 호방하고 대담한 북방 민족에 대해서도 알려 줄게. 6세기부터 13세기까지 무협 만화처럼 짜릿하고 흥미진진한 이야기들이 펼쳐진단다.

◀ 《삼국지연의》의 한 장면

유목민의 화북 점령과 민족 이동

한이 멸망한 뒤 중국은 위·촉·오 삼국으로 분열되었어. 위는 황허 지역 전체, 촉은 창장강 상류, 오는 창장강 중·하류 지역을 차지했지. 삼국 중에서 위가 세력이 가장 강했지만, 통일을 이루지는 못하였어. 위에 이어 건국된 진이 중국을 다시 통일하였으나 얼마 지나지 않아 임금의 친족끼리 싸우면서 혼란에 빠졌지.

진의 북방 변경에 살던 흉노의 일족이 독자적으로 나라를 수립하여 진의 수도를 점령하고 다른 변경에 살던 유목민들도 화북 지역으로 들어와 각지에 나라를 세웠어. 이를 5호 16국 시대라고 해. 중원이 이민족에게 점령당하자 많은 중국인들은 전란을 피해 서북 사막 지역, 창장강 상류 및 중·하류 남쪽, 만주와 한반도 등으로 대거 이주하였어. 이 중 가장 많은 사람들이 이주한 곳은 창장강 하류 남쪽인 강남 지역이었지.

흉노가 진의 수도를 점령하였을 때, 진 왕조의 일족이 강남 지역인 지금의 난징에서 진의 부활을 선포했어. 강남에는 선주민이 훨씬 많았으나 중원에서 내려온 이주민들이 국가 권력을 장악했지. 이런 까닭에 중국의 전통문화는 강남에서 비교적 잘 유지되었어. 또한 많은 북방인이 강남으로 이주하면서 강남의 경제가 크게 발전했어. 동진 시기는 대략 5호 16국 시대와 일치하는데, 일반적으로 삼국 시대와 이 시대까지를 위진 시대라고 불러.

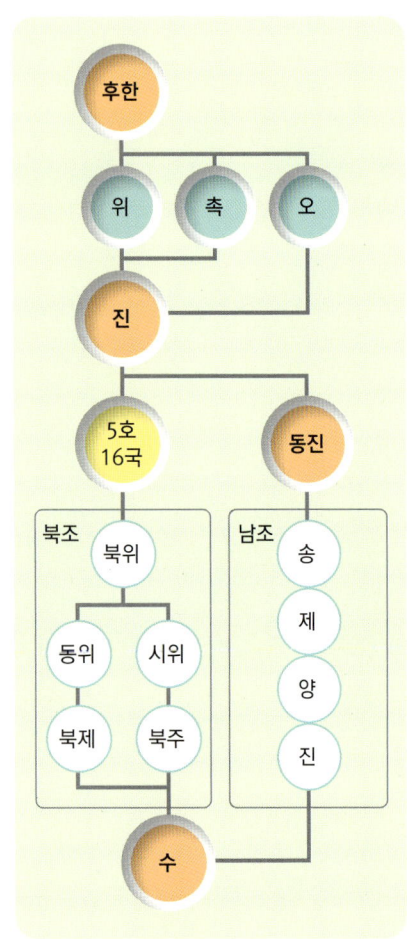

▲ 위진 남북조 시대의 전개

남북조 시대

5호 16국은 선비족이 세운 북위에 의해 통일되었어. 북위는 전통적인 부족 제도를 버리고 중국식 통치 제도를 받아들여 황제의 권위를 강화했지. 북위는 3대 황제 때 북중국을 통일하였고, 북방에 새로 등장한 유연의 공격을 막아 내었어. 북위는 초기에는 고유의 선비족 문화를 중시하였으나 효문제가 중국 제도와 문화를 적극 수용하는 한화 정책을 추진했어. 수도를 북쪽의 다퉁(당시 평성)에서 뤄양으로 옮기고 성씨와 언어, 복장을 중국식으로 바꾸었지. 또 국가에서 선비족과 한족의 가문 등급을 정하고 상호 간의 결혼을 적극 장려했어. 아울러 균전제를 시행하여 농민들에게 토지를 분배해 주었어.

그러나 이러한 개혁은 선비족 군인들을 소외시켰기 때문에 효문제가 죽은 뒤 북방을 수비하던 군인들이 반란을 일으켰지. 그 결과 북위는 동위와 서위로 분열되었어. 곧이어 두 나라는 각각 북제와 북주로 바뀌었으며 얼마 뒤 북주가 북제를 병합했어. 북위와 이들 나라를 아울러 북조라고 불러.

강남 지역에서는 동진을 대신하여 송, 제, 양, 진이 잇달아 건국되었어. 이를 남조라고 하지. 남조의 지배층은 여전히 중원 사람들이었으며 강남의 경제도 계속 개발되었어. 지배층은 대토지를 소유하고 관직을 독점하여 세습적인 문벌 귀족이 되었어.

남조 시대에는 9품중정제라는 관리 선발 제도가 있었어. 각 주와 군에 중정이라는 관리를 두고 인재를 9등급으로 나누어 추천하게 하는 제도였어. 중앙에서는 중정이 부여한 등급에 맞추어 관직을 주었지. 그 결과 "상품에는 낮은 가문이 없고 하품에는 권세 가문이 없다."라는 말이 생겨났단다. 9품중정제는 호족이 문벌 귀족화하는 데 중요한 역할을 했어. 이 제도는 원래 위가 건국되면서 새로운 인재를 선발하기 위해 만들어졌으나 얼마 지나지 않아 지역 여론에 따라 관직을 주는 것으로 바뀌었어. 당시에 지역 여론을 좌우한 것은 호족 등 유력 가문들이었어. 이들은 지역 여론을 장악하고, 고위 관직을 독점하였으며 혼인도 비슷한 집안끼리 행하였어. 9품중정제는 촉과 오, 또 북조에서도 시행되었어.

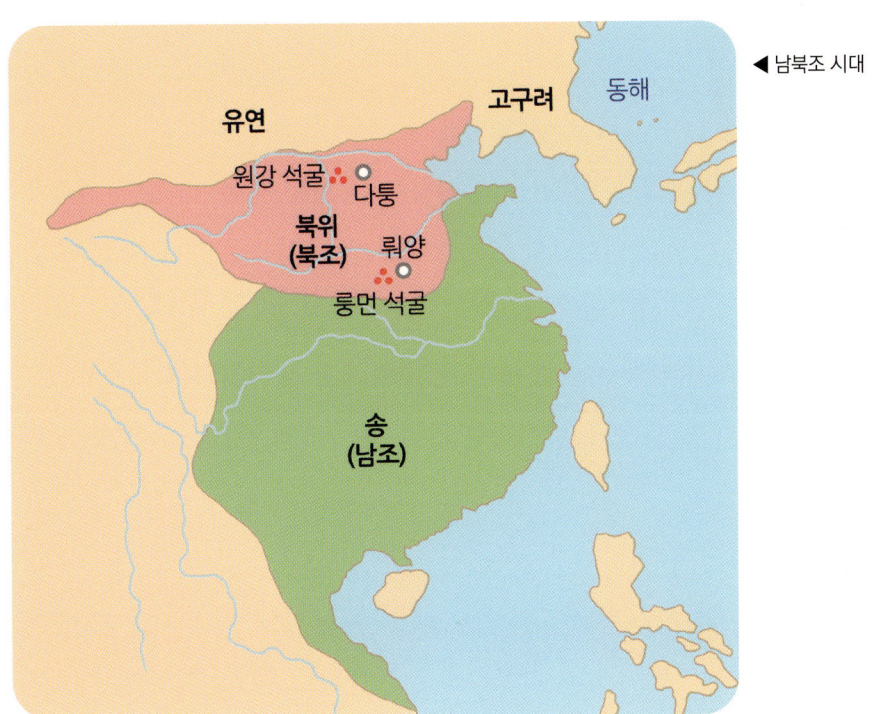

◀ 남북조 시대

수의 중국 재통일

위진 남북조 시대는 360여 년간 많은 나라들이 일어났다가 사라지고 다시 일어나는 혼란스러운 시대였어. 580년 북조 왕조인 북주의 황제가 세상을 떠났어. 황후는 일곱 살짜리 어린 아들을 안고 덜덜 떨며 눈물을 흘렸어.

북주의 관료이자 황후의 아버지였던 양견이 황후에게 말을 건넸어.

"걱정 마십시오. 제가 도와드리겠습니다."

황후가 두려운 눈빛으로 양견을 보며 말했어.

"그저 아버님만 믿겠습니다."

양견은 어린 황제를 돕겠다고 약속했지만 정치적 실권을 장악한 그는 외손자인 황제를 대신해 나라를 좌지우지했지. 결국 581년 어린 황제는 스스로 물러나고 양견이 황제의 자리에 올랐어. 그는 나라 이름을 수로 바꾸었어.

수 문제 양견은 남조를 공격해서 중국을 통일했어. 그리고 넓은 땅을 통치하기 위해 지방 귀족 세력을 누르고 왕권을 강화하는 정책을 펼쳤어. 그 정책이 바로 과거제였어. 수 문제는 중국 역사상 처음으로 과거제를 실시했어. 시험을 통해 관리를 뽑아 귀족의 세력을 약화시킬 셈이었지. 시험을 통해 관직에 오른 신하들은 왕에게 충성스러웠어. 수 문제 때부터 시작한 과거제는 그 뒤 천 년 넘게 이어졌단다.

▲ 수 문제 양견

또 하나 시급한 일은 세금을 잘 거두는 일이었어. 수 문제는 세금 때문에 땅을 버리고 떠돌아 다니는 유랑민들에게 땅을 나눠 주고 농사를 짓도록 했어. 그런 뒤 곡물을 세금으로 거둬들였어. 세금을 낼 수 있는 백성이 늘어나니 국가도 부유해졌어. 또한 나라에서 땅을 나눠 주기 때문에 지주들이 토지를 독차지하는 것을 막을 수 있었지.

수 문제가 통치한 20여 년간 나라와 백성은 모두 부유해졌어. 비록 어린 황제를 쫓아냈다는 비난을 받기는 했지만 말이야. 그러나 수 문제는 둘째 아들인 양광에게 목숨을 잃고 말았어. 세상에! 아들이 왜 아버지를 죽였을까? 야심이 컸던 양광은 태자가 되려고 온갖 꾀를 썼어. 아버지의 마음에 들기 위해 줄이 끊어지고 먼지가 쌓인 칠현금을 일부러 곁에 갖다 놓았단다. 그걸 본 문제는 양광이 오락을 멀리한다며 흐뭇하게 생각했지. 그렇게 양광은 태자의 자리에 오른 뒤, 아버지를 죽이고 황제가 되었던 거야.

수 양제 양광은 강력한 제국을 만들기 위해 대운하를 건설했어. 중국은 큰 강이 남북을 가로막아서 황제의 명령이 남쪽으로 잘 전달되지 못했고, 물자를 자유롭게 주고받기도 어려웠어. 수 양제는 수 문제 때부터 만들기 시작한 대운하를 완성했어. 대운하는 항저우에서 베이징까지 이어졌는데, 그 길이가 약 2,700킬로미터 정도였어. 한반도 길이가 약 1,000킬로미터이니 얼마나 긴 뱃길인지 짐작할 수 있겠지? 그런데 백성들이 대운하를 만들기 위해 고생하는 동안, 수 양제는 호화로운 순행을 즐겼단다. 백성의 불만은 점점 커져만 갔어.

> 순행이란 왕이 나라 안을 두루 살피며 돌아다니던 일을 말해.

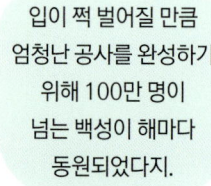

입이 쩍 벌어질 만큼 엄청난 공사를 완성하기 위해 100만 명이 넘는 백성이 해마다 동원되었다지.

▶ 수 대의 운하와 현재의 운하
⊔ 수 대의 운하, — 현재의 운하

▲ 을지문덕 장군이야. 수는 고구려를 여러 차례 침략했지만, 모두 실패했어.

수의 백성들이 양제를 미워했던 이유는 그것뿐만이 아니었어. 수 양제는 영토를 넓히겠다며 걸핏하면 전쟁을 벌였던 거야.

무리한 토목 공사와 연달아 벌인 전쟁 때문에 수는 점점 기울기 시작했어. 홍수와 흉년까지 겹쳐 굶주리는 백성이 늘어나자 곳곳에서 반란이 일어났지. 양제가 부하의 손에 목숨을 잃으면서 수는 618년에 막을 내리고 말았단다.

역사 속 상식 쏙

수 양제의 순행

양제는 대운하를 따라 배를 타고 호화로운 순행을 즐겼어. 그런데 양제의 순행은 본래의 의미와 많이 달랐지. 양제가 금과 은으로 호화롭게 장식된 4층짜리 커다란 배를 타고 앞장서면 그 뒤를 수백 명의 관리와 궁인, 환관들이 따랐어. 배에서는 매일같이 춤과 노래와 음식이 끊이지 않았지. 순행을 할 때마다 배 수천 척을 띄우는 바람에 동원된 백성만 20만 명이 넘었어. 또한 배가 도착하는 곳에서는 지방 관리가 나와서 양제에게 온갖 진귀한 물품과 맛있는 음식을 바쳐야 했어. 혹시라도 강물이 얕은 경우에는 백성들이 강의 양쪽에서 배를 끌었단다. 그러다 보니 양제가 지나는 곳마다 백성들의 원성이 자자했어.

당의 건국과 발전

이연(고조)은 수의 수도인 장안을 점령한 뒤, 나라 이름을 당으로 고치고 황제의 자리에 올랐어. 그 뒤를 이은 당 태종 이세민은 북방 민족인 동돌궐을 정복하여 수도인 장안에서 지중해까지 동서 교역로를 확보했어. 또한 3성 6부를 설치하여 당의 기틀을 마련했지.

> 동돌궐은 6세기 무렵부터 몽골고원과 알타이산맥을 중심으로 활약한 튀르크계 민족이야.

황제의 직속 부서인 3성은 정책을 수립하는 중서성과 정책을 검토하는 문하성, 통과된 정책을 시행하고 6부를 총괄하는 상서성을 일컫는 말이야. 어떤 일을 하는 곳인지 잘 모르겠다고?

한번 예를 들어 볼게.

황제: 으리으리한 궁궐을 하나 짓도록 하라.

중서성: 궁궐을 언제까지, 어디에 지어야 할지 계획을 자세히 세워야겠군.

문하성: 흠, 이런 식으로 궁궐을 짓겠다고? 비용이 너무 많이 드는 거 아니야? 이 계획을 통과시킬지 말지 심의해야겠군.

상서성: 오호, 이게 문하성을 통과한 계획안이군. 먼저 나랏돈을 관리하는 호부를 불러야겠어. 그리고 토목 건축을 담당하는 공부 관료에게 일을 맡겨야지.

말하자면 중서성은 궁궐의 크기와 비용을 어떻게 할지 계획을 짜는 거야. 문하성은 중서성이 건넨 계획을 꼼꼼히 검토하며 통과시킬지 말지 결정을 내린단다. 상서성은 통과된 계획을 건네받아 6부에 일을 맡기지. 6부는 이, 호, 예, 병, 형, 공 여섯 개의 부서를 가리키는데, 호부는 오늘날의 기획재정부, 공부는 국토교통부에 해당한다고 할 수 있어.

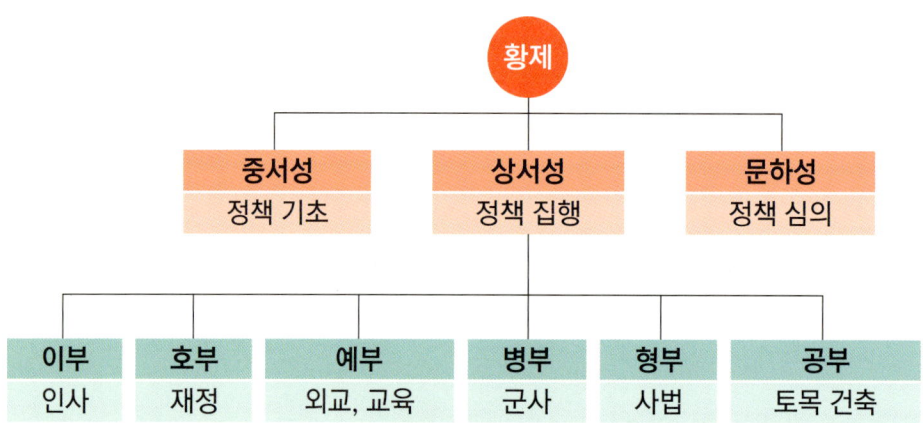

▲ 당의 통치 제도인 3성 6부

당 태종은 조세 제도도 손봤어. 태종은 세금을 세 가지로 나눠서 내도록 했지. 균전제에 따라 나라가 준 토지에 대한 세금은 곡식으로 내고, 나랏일에 불려 나가 일하는 부역은 노동력을 제공하거나 비단, 면포 등으로 대신 납부하는 거야. 또 지역 특산물을 바치는 세금이 있었는데 이것도 특산물을 내거나 비단, 면포 등으로 대신 낼 수 있도록 했어. 이를 조(곡물), 용(노동력), 조(지역 특산물)라고 부른단다. 그리고 부병제가 있었지. 부병제는 농민들에게 균전제를 운영해 토지를 지급한 뒤 그 대가로 군복무를 시키는 것으로, 병농 일치의 특징을 가지고 있었지. 이렇게 여러 제도를 갖춘 당의 국력은 강해지고 백성들은 부유해졌어.

'병농'이란 군사와 농업 또는 병사와 농민을 아울러 이르는 말이야.

당의 수도 장안이 얼마나 부유해졌겠니?

장안의 성문을 열고 들어서면 황궁까지 큰길이 이어지는데, 길의 너비가 무려 150미터를 넘었다는구나. 또한 성벽도 놀라울 만큼 높고 넓어서 성벽 위에서 자전거나 자동차를 탈 수 있을 정도였단다.

당이 번성하자 장안에는 전 세계의 상인들이 물건을 사려고 모여들었어. 당은 풍요로운 시절을 이어 갔지. 그러나 제6대 황제인 현종 말년에 문제가 생기기 시작했어. 현종이 후궁인 양귀비에게 관심을 쏟느라 나랏일을 돌보지 않은 거야. 현종은 나랏일을 양귀비의 사촌 오빠인 양국충에게 맡겼어. 힘이 생긴 양국충은 절도사 안녹산을 몰아내려고 궁리를 했어. 절도사는 나라의 국경을 다스리는 군사령관이야. 양국충은 그중에서도 현종의 신임을 얻어 많은 병사를 거느린

안녹산이 못마땅했어. 그는 현종과 안녹산을 이간질했지.

화가 난 안녹산은 부하인 사사명과 함께 반란을 일으켜 장안으로 쳐들어갔어. 현종은 양귀비와 함께 급히 피난을 떠나야 했지. 안녹산과 사사명의 이름을 딴 안사의 난은 8년이 지나서야 겨우 진압되었어.

황제는 가까스로 장안을 되찾았지

◀ 양귀비

▲ 안사의 난 당시 피난 가는 현종을 그린 그림

만, 권위가 땅에 떨어진 상태였어. 50여 명으로 늘어난 절도사들이 나라를 쥐락펴락하고 있었지. 이들 절도사들은 자신이 맡은 각 지역의 군사, 재정, 행정 3권을 장악하고 마치 왕처럼 위세를 부렸지.

곧이어 당의 기반인 부병제와 조용조가 흔들리기 시작했어. 나라가 혼란스러운 상황에서 어느 누가 군사 훈련을 받고 전쟁터에 나가겠니? 게다가 땅을 버리고 이리저리 떠도는 백성들이 늘어나서 조용조도 거둘 수가 없었어.

당은 부병제와 조용조 대신 모병제와 양세법을 시행했어. 모병제를 실시하며 병사에게 월급을 주었고, 양세법을 실시하며 세금을 1년에 두 차례 화폐로 거두었지. 또 모든 사람에게 세금을 똑같이 거두지 않고 땅을 많이 가진 사람이 세금을 더 내도록 했어. 잠시 나라의 재정이 나아졌지. 그런데 문제가 발생했어. 귀족들이 소금 판매업자와 손을 잡고 소금값을 비싸게 받기 시작한 거야. 생활에 꼭 필요한 소금값이 수십 배로 오르자 백성들의 살림은 어려워졌어. 그러자 소금 판매상인 황소가 반란을 일으켰어. 조정에 불만을 품고 있던 백성들은 너나 할 것 없이 황소의 군대로 몰려갔어. 수십만 명으로 늘어난 황소의 군대는 장안까지 점령했어. 10년 동안 이어진 황소의 난은 절도사들에 의해 진압되었어. 그 뒤 황제는 허수아비나 다름없는 존재가 되었어. 기고만장해진 절도사들은 마침내 황제를 쫓아내 버렸어.

> 모병제는 병사를 강제로 복무시키는 것이 아니라 나라에서 병사를 모집해 군대에 들어오도록 하는 제도를 말해.

송의 건국과 문치주의

절도사들이 당을 무너뜨린 뒤, 중국은 혼란에 빠졌어. 저마다 왕이 되겠다고 나섰지. 그 바람에 다섯 개의 정통 왕조와 열 개의 지방 정권이 약 60년 동안 중국 곳곳에 들어섰어. 이 시기를 5대 10국이라고 부른단다. 5대의 마지막 왕조인 후주의 무장 조광윤이 960년 중국을 통일하면서 5대 10국 시대는 끝이 났어.

조광윤은 황제에 오른 뒤, 나라 이름을 송으로 고쳤어. 송 태조 조광윤이 황제에 오르기까지는 절도사들의 공이 컸어. 당연히 절도사들은 으스대고 다녔지. 송 태조는 절도사들을 그대로 두었다가는 당처럼 망하게 될 것이라고 생각했어.

고민하던 끝에 송 태조는 다섯 명의 절도사들을 궁으로 불러 이렇게 말했어.

"인생이란 달리는 말처럼 순식간에 지나가는 것이오. 그저 자손들에게 재산을 풍족히 물려주고 마음 편하게 사는 것이 최고라고 생각하오. 그러니 다들 군사들을 내놓고 지방의 관리로 내려가는 것이 어떻겠소?"

절도사들은 송 태조의 뜻을 거절할 엄두가 나지 않아서 모두 물러날 수밖에 없었지. 송 태조는 지방으로 가는 절도사들에게 눈이 휘둥그레질 만한 땅과 재물을 내려 주었어. 그런 뒤에는 과거 시험으로 관리를 뽑아 중요한 나랏일을 맡겼어. 과거 시험에 합격한 관리는 최고의 대우를 받았어. 자연히 절도사들의 세력은 약해졌지. 이처

5대 10국은 후량, 후당, 후진, 후한, 후주의 다섯 왕조와 오, 남당, 오월, 민, 형남, 초, 남한, 전촉, 후촉, 북한의 열 개국을 말해.

◀ 송 도성의 정경을 그린 〈청명상하도〉

럼 무관보다 문관을 우대하는 정치를 '문치주의'라고 한단다. 사람들은 관리가 되기 위해 너도나도 과거 시험을 준비했어. 과거를 통해 문관 관료가 된 사람들과 문관 관료를 배출할 수 있는 가문이나 지식인층을 '사대부'라고 일컬었어. 문치주의로 인해 사대부가 송의 새로운 지배층으로 자리 잡았어.

문치주의 덕분에 나라는 잠시 평화를 누렸지만 얼마 지나지 않아 북방 민족의 침입에 시달려야 했어. 문관을 우대했기 때문에 군사력이 약했던 송은 제대로 싸우지도 못하고 번번이 패배할 수밖에 없었어. 패배한 뒤에는 화친을 맺는 조건으로 매년 많은 공물을 보내야 했지. 송은 거란족이 세운 요, 여진족이 세운 금, 중국 서북부에 자리

서하의 본래 명칭은 '대하'인데, 송이 낮춰 부르기 위해 서하라고 부른 거야.

> 개간은 거친 땅이나 버려진 땅을 일구어 쓸모 있는 땅으로 만드는 것을 말해.
>
> 이모작은 같은 경작지에서 1년에 두 번 곡물을 수확하는 토지 이용법을 말해.

잡은 서하에도 아주 많은 재물을 보내야 했단다.

그런데 사실 그 정도 재물은 송 입장에서 볼 때 대수롭지 않았어. 당시 송은 농업과 상업이 크게 발달해 무척 부유해졌거든. 창장강 남쪽의 버려진 땅을 개간하여 이모작을 실시하자 쌀 생산량이 늘어났어. 농업의 발달로 시장이 생겨나면서 상인들도 덩달아 그 수가 많아졌어. 다른 나라와의 교역도 더욱 활발해졌지. 상업이 발달하자 화폐 사용도 늘었어. 동남아시아나 아랍 상인들까지 송의 동전을 쓰다 보니 동전을 아무리 찍어 내도 모자랄 판이었어. 그래서 송은 세계 최초로 '교자'라는 지폐를 만들어 냈단다. 경제 성장과 함께 인구도 증가해서 1억 명이 넘을 정도였어.

그런데 이렇게 번영을 누리던 송에 문제가 생겼어. 북방 민족의 침입에 대비하느라 군사비 지출이 막대한 데다 관리들에게 나눠 줄 봉급도 만만치 않다 보니 나라 살림이 점점 쪼들리게 된 거야.

고민하던 황제에게 재상인 왕안석이 방법을 내놓았어.

"넓은 땅을 가진 부자가 가난한 사람들을 괴롭히지 못하게 막아야 합니다."

그러나 왕안석의 개혁안은 보수파 관료들의 반대에 부딪쳤어. 당시 넓은 땅을 가지고 있던 관료들로서는 손해를 볼까 봐 두려웠거든. 농민과 상인을 도와주고 나라를 강하게 만들려던 왕안석의 개혁은 결국 실패로 돌아갔어.

그 뒤로 송에서는 반란이 끊이지 않았어. 엎친 데 덮친 격으로 여진족이 세운 금이 송의 수도로 쳐들어와 황제와 황족을 포로로 끌고 갔어. 그때 송 황제의 동생 중 한 명이 겨우 창장강 아래로 도망쳐서 1127년 임안(항저우)을 수도로 송을 이어 갔지. 이때를 남송 시대라고 해.

남송의 장군 악비

남송의 용맹스러운 장군인 악비는 금의 침략을 몇 차례나 막아 냈어. 또한 백성들을 생각하는 마음이 지극했지. 악비의 군대는 행군 도중 마을을 지나갈 때 백성의 집에 들어가지 않고 길에서 잠을 잤어. "얼어 죽더라도 백성의 집에서 목재를 뜯어 불을 피우지 않으며, 굶어 죽더라도 백성의 재물을 빼앗지 않는다."라는 것이 악비가 강조하는 규율이었어. 악비는 싸우기 전에 항상 장수들을 모아 작전을 의논하고 싸움에 임했어. 그 결과, 모든 전투에서 승리할 수 있었지. 금 병사들은 모두 악비의 군대를 무서워했어. 악비가 계속 금을 상대로 승리를 거두고 있을 때 남송의 황제와 재상 진회는 금과 싸움을 멈추기로 뜻을 모았어. 악비가 금을 치겠다고 끝까지 고집하자 진회는 악비를 옥에 가두고 잔인하게 고문했어. 그리고 악비에게 온갖 죄를 뒤집어씌운 뒤 처형했어. 얼마 뒤, 악비가 아무 죄도 없이 억울하게 죽었다는 사실이 밝혀졌지. 중국 사람들은 지금까지도 악비를 존경하며 영웅으로 떠받들고 있단다.

◀ 악비의 동상

당과 송의 문화

당의 전성기 시절에 장안의 인구는 100만 명을 넘었어. 그중에는 세계 각국에서 모여든 상인들도 있었단다. 장안에 전 세계 상인들이 모여든 이유는 동시와 서시라는 시장 때문이었어. 동시는 동아시아의 상인이 주로 이용한 반면에, 서시는 중앙아시아와 서아시아의 상인이 드나들던 곳이었어. 페르시아의 보석이나 유리 같은 진귀한 물건들이 서시에 잔뜩 쌓여 있었다는구나. 아울러 중국의 비단과 도자기는 저 멀리 유럽까지 전해졌어. 당은 세계 무역의 중심지였어.

당시의 예술 작품을 보면 당이 얼마나 국제적인 도시였는지 알 수 있어. 당삼채는 세 가지 색깔을 넣어 화려하게 만든 도자기인데 낙타나 서역 상인들의 모습을 담은 것이 많아. 또한 당 왕릉에서 발견된 터키석과 호박 역시 중앙아시아, 인도 등이 원산지였단다. 장안에는 외국 상인들을 위한 이슬람교 사원과 조로아스터교 사원, 크리스트교 교회도 있었어. 당이 외래 종교에 대해 무척 관대했던 셈이지.

그럼 당이 숭상한 종교는 무엇이었을까? 바로 도교와 불교였어. 자연 그대로의 상태를 이상적인 것으로 여기는 도교는 여러 민간 신앙이 결합한 종교로, 황제와 귀족의 보호를 받았어. 그래서 도교 사원이 중국 곳곳에 세워졌어. 불교의 경우 승려들이 인도를 자주 왕래한 덕에 불교 경전이 활발하게 번역되었어. 특히 당의 현장은 인

▼ 당의 채색 도자기 당삼채

서역은 중국의 서쪽에 있던 여러 나라를 통틀어 이르는 말이야.

호박은 각종 장신구에 쓰이는 노란색의 보석이란다.

도에서 엄청난 양의 불경을 가져와 불교 발전에 크게 기여했단다. 현장은 이때 인도를 여행하며 생긴 일을 《대당서역기》라는 책에 담기도 했어. 훗날 이 책에 흥미로운 이야기들이 하나둘 덧붙여졌어. 명 때 오승은이라는 작가가 이 이야기들을 모아서 《서유기》라는 소설로 완성시켰어. 《서유기》에 등장하는 삼장 법사가 바로 현장이야.

6대 황제인 현종이 다스리던 시기에 장안의 귀족들은 호화로운 생활을 누렸지. 대운하를 통해 남쪽의 농작물과 물자가 장안으로 끊임없이 들어왔기 때문이야. 장안의 귀족들은 보석으로 장식한 비단 옷을 입고 다녔으며 심지어는 100가지가 넘는 새의 깃털로 만든 치마를 입은 귀부인도 있었다는구나. 부유하고 여유로워진 귀족들은

◀《대당서역기》

시와 그림을 즐겼어. 중국 역사를 통틀어 가장 위대한 시인으로 평가받는 이백과 두보가 당 시기의 사람이야. 대표적인 화가로는 수묵 산수화의 대가인 왕유를 들 수 있단다.

당 문화의 특징은 귀족적이고 국제적이라고 할 수 있어. 반면에 송에서는 서민 문화가 발달했어. 상업이 발전하고 도시가 성장하면서 서민의 생활 수준이 올라갔거든. 대도시에는 서민들이 즐기는 공연장도 생겼어. 그곳에서는 중국의 전설이 인형극으로 공연되는가 하면 곡예가 펼쳐지기도 했어. 이야기꾼은 구수한 입담을 뽐내며 관객들을 울리고 웃겼지. 공연장 주변에는 식당과 여관 시설도 갖추어져 있었어.

당과 달리 송에서는 귀족이 크게 줄었어. 대신 문치주의와 과거 시험의 영향으로 새로운 지배층인 사대부가 등장했어. 그 전까지 유학은 공자와 맹자의 가르침을 해석하고 도덕적 실천을 중요시하는 학문이었어. 그런데 송에 이르러서는 철학적인 문제를 탐구하는 학문으로 변화되었지. 이를 성리학이라고 한단다. 성리학은 남송의 주희가 완성시켰어. 성리학은 주변의 나라로 퍼져 나갔고 조선도 성리

왕유의 〈강산설제도〉

학을 정치 이념으로 삼았단다.

또한 송 대에는 화약과 나침반, 인쇄술이 발전했어. 이슬람 상인을 통해 유럽에 전해진 화약은 영국과 프랑스의 백년 전쟁에 사용되었어. 나침반은 유럽의 선박이 먼 나라와 무역을 할 수 있도록 도와주었으며, 인쇄술은 근대의 종교 개혁과 르네상스의 발전에 큰 영향을 끼쳤어.

화약은 당 대부터 사용했다는 기록이 있지만, 폭죽놀이 같은 데만 쓰였어. 무기를 만들기 시작한 건 송 대부터란다. 그리고 나침반은 한 대부터 사용되었지만 본격적으로 나침반을 항해에 활용하기 시작한 건 송 대부터였어.

화약

영국과 프랑스는 왕위 계승 문제로 100년이 넘는 기간 동안 기나긴 전쟁을 치렀어. 그런데 도중에 새로운 무기가 나타나서 사람들을 깜짝 놀라게 했어. 화약을 이용한 대포였어. 중국의 화약이 이슬람 상인을 통해 유럽까지 전해진 거야. 중국은 어떻게 화약을 발명했을까? 옛날 중국에서는 늙지 않고 오래 사는 방법을 찾기 위해 많은 노력을 기울였어. 먹으면 늙지도 않고 죽지도 않는다는 불로초를 찾다가 실패하자 약을 만들기 시작했지. 이것을 연단술이라고 해. 연단술사라고 불리는 사람들이 불로장생의 약을 만들기 위해 수많은 화학 약품으로 실험을 거듭했지. 그러던 어느 날 질산 칼륨과 유황, 숯을 혼합했더니 폭발이 일어났어. 화약이 발명된 거야. 연단술사들은 '불이 붙는 약'이라는 뜻으로 화약이라는 이름을 붙였어. 그 뒤 화약은 오랫동안 부스럼을 치료하는 약으로 사용되었다고 해. 송 대에 이르러서 화약은 무기로 쓰이기 시작했어.

▲ 화약

북방 민족의 성장

똑똑! 문소리가 들리자 어린 거란족 소년은 입을 틀어막은 채 꼼짝 않고 서 있었어.

"아가, 이제 괜찮다. 나오렴."

야율아보기는 문밖에서 할머니의 목소리가 들리자 긴장이 풀려 그 자리에 주저앉았어. 이미 여러 차례 겪은 일이니 익숙해질 만한데도 늘 처음처럼 떨렸어. 할아버지가 다른 부족과 다투다가 목숨을 잃고 아버지와 삼촌이 달아난 뒤, 야율아보기는 할머니 집에서 숨어 지내고 있었거든. 그렇게 야율아보기의 어린 시절은 불안하고 비참했어.

야율아보기는 꿋꿋이 버티며 힘을 기른 끝에 거란의 부족장이 되었어. 그리고 주변의 부족들을 하나씩 정복해 갔지. 마침내 그는 거란을 통합하고 요를 세웠어. 요는 빠르게 성장했어. 고구려의 옛 땅에 자리 잡은 발해를 멸망시키는가 하면 고려도 여러 차례 침략했어. 또 송을 공격해 연운 16주를 차지했는데, 그 뒤로도 송을 계속 괴롭혔어. 전쟁에 지친 송이 먼저 화친을 제안했어. 해마다 은과 비단을 줄 테니 전쟁을 그만두자는 것이었지. 요는 송의 제안을 받아들이고 물러났지만, 중국을 완전히 포기한 것은 아니었으므로 호시탐탐 기회를 노렸어.

요의 근거지는 중국 북부의 초원 지대였어. 그런데 중국의 서북쪽에서도 송을 공격하는 세력이 등장했어. 탕구트족이 세운 서하라는

> 탕구트족은 6세기에서 14세기까지 중국 북서부를 중심으로 활약한 티베트계의 민족이야.

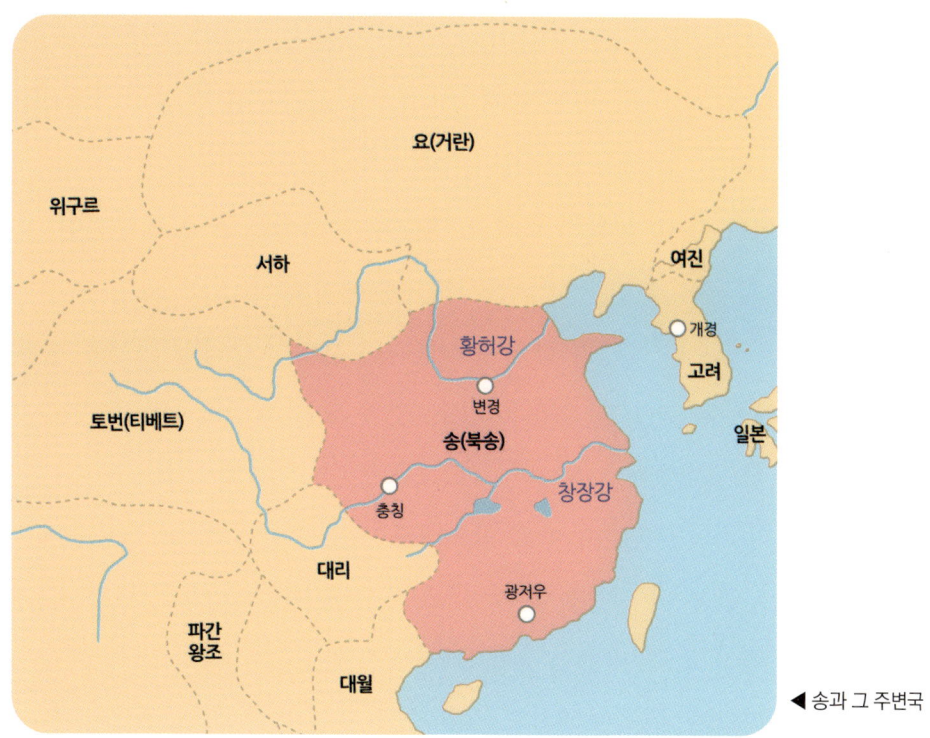

◀ 송과 그 주변국

나라였어. 송은 여전히 군사력이 약했으므로 요와 마찬가지로 서하에도 해마다 비단과 은을 바쳐야 했어. 서하는 송의 훼방 없이 동서 교역로를 장악하고 빠르게 성장했어.

북방 민족 중에서 요와 서하의 군사력만 막강한 것은 아니었어. 여진이 주변의 눈치를 살피며 조금씩 힘을 키우고 있었거든. 여진은 특히 요에 불만이 많았어. 요의 지배 아래에서 착취를 당하며 간섭을 받고 있었기 때문이야. 요의 억압이 나날이 심해지자 여진 장수인 아구타(아골타)가 부족을 통일하고 금을 세웠어. 그리고 요를 공격하기 시작했어. 중국 대륙을 중심으로 송과 요, 서하, 금이 서로 힘을 겨루는 상태가 된 거야. 특히 송, 요, 금 사이에서 팽팽한 긴장감이 감돌았어.

그러던 중 송 황제가 금으로 슬그머니 사신을 보내 제안했어.

"송과 금이 손을 잡고 요를 치는 게 어떻겠소? 요즘 요가 점점 약해지고 있으니 우리가 함께 공격한다면 분명히 승리할 것이오. 송은 그동안 요에 비단과 은을 바쳤소. 만약 요가 멸망한다면 비단과 은을 금에 보내겠소."

금은 제안을 받아들이고 약속대로 요로 쳐들어갔어. 그리고 왕을 포로로 잡은 뒤 항복을 받았어. 요는 순식간에 멸망하고 말았어. 그런데 송은 금과 나눴던 약속을 저버렸어. 요를 공격하지도 않았고 금에 비단과 은을 보내지도 않았거든. 사실 송은 요와 금이 서로 싸우다 망하기를 바랐던 거야. 말하자면 손 하나 대지 않고 코를 풀 심산이었지.

그 사실을 알게 된 금은 기분이 어땠을까? 보나 마나 머리끝까지 화가 났겠지. 금은 당장 군대를 이끌고 송의 수도로 달려갔어. 그리고 황궁으로 들어가 황제와 황족을 포로로 잡고 송을 굴복시켰어. 자, 이렇게 송은 끝났을까? 앞에서 송 황제의 동생이 남쪽으로 달아났던 것 기억하니? 송은 수도를 남쪽으로 옮기고 남송 시대를 열었단다.

금은 남송마저 무너뜨리려고 온갖 노력을 기울였어. 하지만 남송의 저항이 만만치 않았어. 그러다가 기나긴 전쟁에 지친 남송은 금에 강화 조약을 제안했어. 해마다 비단과 은을 바칠 테니 전쟁을 멈추자는 것이었지. 자신만만해진 금은 큰소리를 땅땅 치며 중국 대륙의 북부를 장악했지. 그러나 금도 중국 대륙에서 곧 쫓겨날 신세가 되었단다. 새로운 강자로 떠오른 유목민이 말갈기를 휘날리며 중국 대륙의 한복판으로 달려오고 있었기 때문이야. 바로 칭기즈 칸의 후예인 몽골족이었어.

역사 속 상식 쏙

서하, 여진, 파스파 문자

당이 멸망할 무렵부터 주변 국가들은 민족적 정체성에 대한 인식이 높아졌어. 이는 여러 민족들이 문자를 만드는 것으로 이어졌지. 그중 요, 서하, 원 또한 민족적 정체성을 지키기 위해 문자를 제정하는 노력을 하였단다.

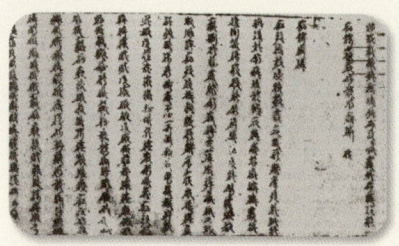
▲ 서하 문자

▲ 여진 문자

▲ 파스파 문자(몽골 문자)

세계사가 한눈에 쏙!

01 수 문제는 과거제와 균전제로 나라의 기틀을 마련했다. 수 양제는 약 2,700킬로미터에 이르는 대운하를 건설했다. 하지만 수는 무리한 토목 공사와 잦은 대외 원정으로 38년 만에 멸망하고 말았다.

02 당 태종은 3성 6부를 설치하고 조용조와 부병제를 시행했다. 당은 현종 때 번성했으나 안사의 난과 황소의 난으로 나라가 어지러워졌다. 결국 당은 절도사들에 의해 멸망했다.

03 송을 세운 조광윤은 문관 중심의 정치를 펼쳤는데, 이를 문치주의라고 한다. 문치주의로 국방력이 약해져 북방 민족의 침입에 시달렸던 송은 금이 침입하자 남쪽으로 수도를 옮겨 남송을 세웠다.

04 당의 수도 장안은 상업이 번성한 국제도시였으며, 귀족 중심의 국제적 문화가 발달했다. 반면에 송은 서민의 생활 수준이 올라가면서 서민 문화가 발달했다. 송 대에는 사대부가 등장하여 지배층이 되었다.

05 거란은 요를 건국한 뒤, 송의 연운 16주를 차지했다. 탕구트족은 중국 서북부에 서하를 세워 동서 교역을 통해 이익을 거뒀다. 여진족이 세운 금은 요를 멸망시키고 곧이어 송을 남쪽으로 몰아내며 중국의 북부를 차지했다.

6장
몽골 제국

| 칭기즈 칸
| 세계 최대의 제국을 이룩한 몽골
| 원의 통치
| 원의 경제와 문화
| 원의 멸망

현재의 몽골은 러시아와 중국 사이에 자리 잡고 있어. 면적은 한반도의 7배나 되지만, 인구는 약 310만 명으로 대한민국 인구의 10분의 1에도 미치지 못하는 곳이야. 몽골의 드넓은 초원에서는 유목민들이 여전히 말을 타고 가축을 돌본단다. 푸른 하늘, 넓은 초원과 유목민의 모습을 보고 있노라면 마치 한 폭의 평화로운 그림처럼 느껴질지도 몰라. 그러나 한때 몽골족은 말발굽 소리 요란하게 내달리며 전 세계를 주름잡았던 적이 있어. 이들은 몽골 초원을 장악하고 서아시아와 유럽까지 뻗어 나갔지. 몽골족이 짧은 시간에 세계 최대의 제국을 건설한 비결은 무엇일까? 또 몽골족은 그 넓은 영토를 어떻게 지배했을까? 그리고 그들이 다시 초원으로 돌아간 이유는 무엇일까? 13세기부터 14세기까지 혜성처럼 나타나 전 세계를 뒤흔들었던 몽골족의 발자취를 따라가 보자꾸나.

▼ 몽골의 초원

칭기즈 칸

허허벌판에 선 테무친은 막막하기만 했어. 테무친의 엄마와 형제들도 아무 말도 못 하고 그저 멍하니 서 있기만 했지. 며칠 전, 몽골의 부족장인 테무친의 아버지가 다른 부족장에게 독살당하고 그의 부족들은 뿔뿔이 흩어지고 말았거든. 언제 무서운 짐승들이 습격할지 모르는 황량한 초원에 테무친의 가족들만 남겨진 거야.

하지만 테무친은 곧 엄마와 동생들을 지키겠다고 다짐하며 두 주먹을 불끈 쥐었어. 테무친은 절망하거나 포기하지 않고 이를 악물며 살아남았어. 그가 바로 몽골 제국을 세운 칭기즈 칸이란다. 열여섯 살이 되자 테무친은 아버지의 친구인 옹 칸을 찾아갔어. 테무친은 옹 칸과 손잡고 초원의 몽골 부족들을 하나둘 굴복시켰어. 그런데 옹 칸은 갈수록 세력이 커지는 테무친이 두려워지기 시작했어. 그래서 그는 자신의 딸과 테무친의 아들을 혼인시키겠다는 거짓말로 테무친을 불러들였어. 옹 칸을 눈곱만큼도 의심하지 않았던 테무친과 부하들은 옹 칸의 공격에 속수무책으로 당했지. 테무친은 겨우 목숨만 부지한 채 도망쳐 왔어. 그리고 군사를 모으며 때를 기다렸어. 그러던 어느 날, 옹 칸이 잔치를 벌인다는 소식이 들려

▲ 몽골 제국을 수립한 칭기즈 칸

왔어. 테무친은 밤중에 급습하여 옹 칸을 멀리 쫓아냈어.

이제 테무친에게 무서울 건 없었어. 다른 몽골 부족을 무자비하게 짓밟으며 승리를 이어 나갔지. 부족장들은 테무친에게 충성을 바치겠다고 맹세했어.

테무친은 몽골 초원을 통일하고 몽골 제국을 세운 뒤, 족장 회의에서 1206년 칭기즈 칸이 되었어. 몽골에서는 왕을 '칸'이라고 하는데, 칭기즈 칸은 '칸 중에서 가장 위대한 칸'이라는 뜻이야. 칭기즈 칸은 곧장 군대를 이끌고 중국 서북부로 달려가 탕구트족의 서하를 쳐부순 뒤, 중국으로 향했어. 당시 중국의 북쪽은 금이 차지하고 있었고 남쪽은 남송이 자리 잡은 상태였어. 칭기즈 칸이 금을 쑥대밭으로 만들자 금의 황제는 납작 엎드리며 사정했어. 비단과 금은보화를 바칠 테니 제발 물러가 달라고 말이야. 칭기즈 칸은 엄청난 재물을 챙기고는 중앙아시아로 달려갔어. 중앙아시아의 여러 나라들은 제대로 저항도 못 하고 무너져 내렸지. 몽골군은 러시아 남부를 비롯하여 이란과 북인도까지 침략했단다.

칭기즈 칸은 전쟁터에서 아주 잔인했어. 중앙아시아에 자리 잡은 호라즘 왕국이 항복을 거부하자 칭기즈 칸은 모든 도시를 파괴하고 사람은 물론 개미 한 마리도 살려 두지 말라는 명령을 내렸어. 호라즘 왕국은 삽시간에 잿더미로 변해 버렸지. 칭기즈 칸이 이토록 잔인하게 정복지를 짓밟는 데에는 다 이유가 있었어. 몽골군이 잔인하고 악랄하다는 소문이 날수록 다른 나라들이 감히 저항할 엄두를 내

> 호라즘 왕국은 한때 중앙아시아 전역을 지배할 만큼 강력했던 이슬람 왕국이었어.

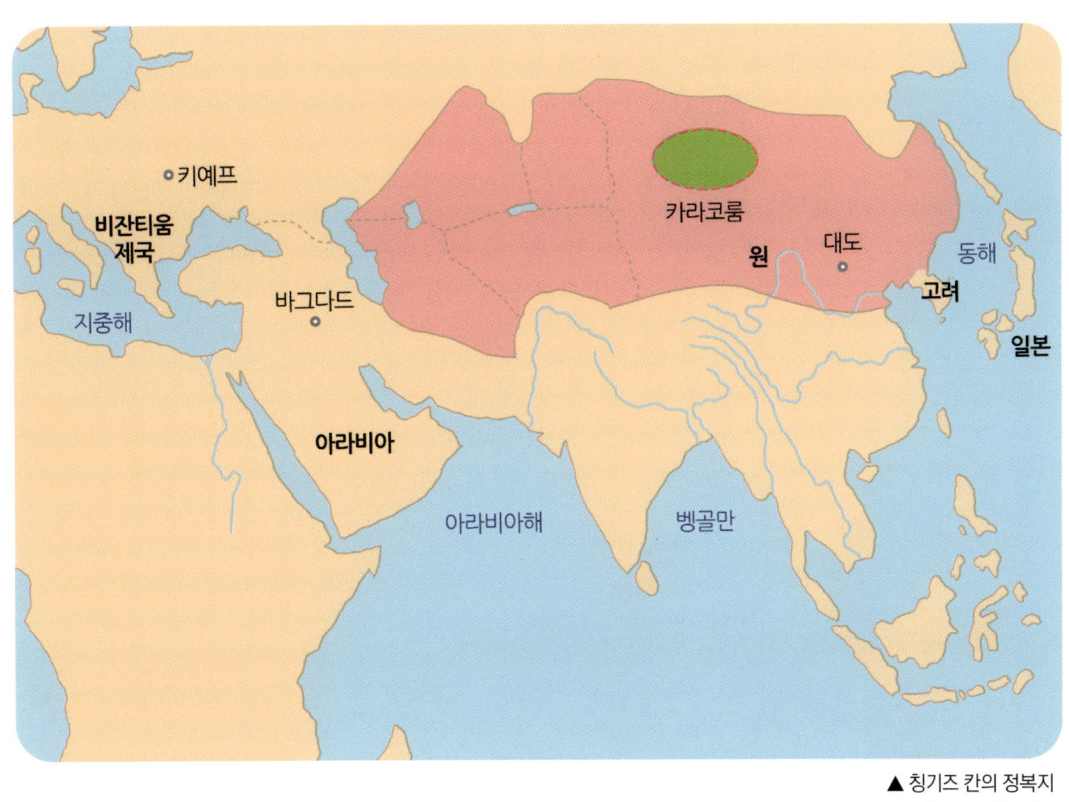

▲ 칭기즈 칸의 정복지

● 몽골족의 근거지
■ 칭기즈 칸의 정복지

지 못했거든. 얼마나 두려웠던지 사람들은 몽골군만 보면 얼굴을 땅바닥에 대고 벌벌 떨었다는구나.

 그렇게 정복 전쟁을 벌이던 도중에 칭기즈 칸은 말에서 떨어지는 사고를 당했어. 그러고는 시름시름 앓다가 세상을 떠났어. 이제 몽골의 정복 전쟁은 끝난 걸까? 아직은 아니었어. 칭기즈 칸의 후계자들이 정복 전쟁을 이어 갔거든.

역사 속 상식 쏙

몽골의 말타기 시합

7월에 몽골 사람들이 수도 울란바토르로 모여드는 이유는 몽골의 전통 축제인 나담 축제가 열리기 때문이야. 사람들이 너무 많이 몰리는 탓에 사고라도 날까 봐 경찰들이 도시 곳곳에 배치될 만큼 큰 축제란다. 나담 축제에서는 활쏘기와 몽골 씨름, 말타기의 세 가지 경기가 펼쳐지는데 그중에서도 말타기는 다섯 살에서 열두 살의 어린아이들이 기수로 활약하지. '몽골인은 말안장에서 태어난다.'라는 속담을 증명이라도 하듯 몽골 아이들은 세 살만 되면 말을 능숙하게 탄다는구나. 말이 가볍게 뛸 수 있도록 가급적 나이가 어리고 몸무게가 적은 아이들이 기수로 출전하는 거야. 말타기 시합에서 우승하면 경기장에 우승자를 기리는 노래가 울려 퍼지지. 그런데 재미있는 건 가사의 내용이 사람이 아니라 말을 찬양한다는 거야. 몽골에서는 나담 축제의 말타기 경주를 위해 1년 내내 말타기를 연습하는 아이들이 많다는구나.

▼ 나담 축제 말타기 시합

오고타이 칸은 칭기즈 칸의 셋째 아들이야.

세계 최대의 제국을 이룩한 몽골

칭기즈 칸의 뒤를 이은 오고타이(우구데이) 칸은 중국에서 금을 몰아냈어. 그리고 유럽으로 몽골군을 보냈지. 몽골군은 러시아를 정복했으며 곧이어 폴란드와 헝가리까지 점령했어. 이제 유럽의 운명은 바람 앞의 등불처럼 위태로워졌어. 몽골군은 다음 목표를 오스트리아로 정하고 힘차게 진격했어. 그런데 갑자기 오고타이 칸이 죽었다는 소식이 몽골 초원에서 날아왔지. 몽골군은 유럽 정복을 눈앞에 둔 채로 돌아서야 했단다. 유럽으로서는 천만다행한 일이었지.

그렇다고 몽골이 정복 전쟁을 그만둔 것은 아니었어. 몇 년 뒤, 칭기즈 칸의 손자인 훌라구가 바그다드까지 쳐들어가서 이슬람 제국인 아바스 왕조를 쳤고, 4대 몽케 칸이 멸망시켰지. 그 당시 몽골이 차지한 땅은 어마어마하게 넓었어. 중국과 중앙아시아는 물론이고, 서아시아와 유럽의 일부까지 포함한 대제국이 건설되었지. 몽골은 이 커다란 제국을 어떻게 다스렸을까? 몽골은 네 개의 울루스로 나누어 다스렸어.

그렇다면 몽골이 매 전투마다 이길 수 있었던 비결은 무엇일까? 첫 번째로 몽골군들은 말을 다루는 솜씨가 아주 뛰어났어. 두세 마리의 말을 한꺼번에 끌고 다닐 정도였지. 그래서 말이 지치면 다른 말

▼ 몽골 제국의 탄생

➡ 몽골군의 원정로
원의 직할지
몽골 제국의 최대 영역

로 얼른 갈아탔단다. 그러니 아무리 먼 곳이라도 빠르게 이동이 가능했던 거야. 또한 말을 탈 때도 고삐를 잡지 않았어. 말을 탄 상태에서도 자유자재로 몸을 움직일 수 있었지. 말 위에서 몸을 돌려 화살을 쏘는 몽골군들을 보는 순간 적군들은 깜짝 놀랄 수밖에 없었어.

몽골 제국이 강력할 수밖에 없던 또 하나의 이유는 천호제였어. 칭기즈 칸은 몽골 유목민을 1,000가구씩 묶고 천호라고 불렀어. 평소에 천호는 그저 유목 생활을 하는 부족이나 다름없었어. 그러나 전쟁이 시작되면 천호는 군사 조직으로 바뀌었고 천호의 우두머리는 지휘관이 되었어. 몽골 제국은 유목민이 곧 병사가 되는 사회였지.

아울러 몽골 제국은 법을 엄격하게 시행했어. '자사크'라는 법에 따라 살인이나 강도 같은 범죄는 물론이고, 명령을 어기는 병사를 엄격하게 처벌했어. 자사크의 처벌은 대부분 사형이었기 때문에 몽골 사람들은 법을 철저하게 지킬 수밖에 없었단다.

한편, 몽골에서는 왕위를 놓고 후계자 다툼이 심하여 칸이 수시로 바뀌었어. 고작 2년 만에 칸이 바뀌는 경우도 있었지. 그러다가 칭기즈 칸의 손자 쿠빌라이가 5대 칸으로 즉위하면서 잠시 안정기에 접어들었어. 쿠빌라이 칸은 나라 이름을 원으로 바꿨어.

쿠빌라이 칸의 권위는 하늘을 찔렀어. 그는 베이징으로 수도를 옮기고 이름을 대도로 고친 뒤, 거대한 궁궐을 지었어. 그리고 1만 명의 병사들이 쿠빌라이 칸을 철통같이 지켰지.

역사 속 상식 쏙

몽골군

몽골군은 아주 빨랐어. 당시 유럽의 기사들은 갑옷과 창, 말안장의 무게만 70킬로그램에 이르렀는데 몽골군의 경우에는 고작 10킬로그램이었다는구나. 몽골군은 쇠가죽으로 갑옷을 가볍게 만들었고, 말안장 역시 나무로 만들어서 무게를 줄였거든. 그렇게 가벼운 차림으로 말을 타고 달렸으니 유럽 병사들이 보기에는 바람처럼 느껴졌을 거야. 한편 전쟁터에서는 식량을 확보하는 것도 중요한데 몽골군은 말린 양고기를 가루로 만들어 가지고 다녔어. 그래서 적군에게 포위당해도 양고기 가루나 말 젖으로 끼니를 해결할 수 있었어. 그것도 모자라면 늙은 말부터 차례로 잡아먹으며 버텼지. 몽골군은 대장이나 병사나 음식과 숙소에 있어서 아무런 차별이 없었어. 계급과 관계없이 같은 것을 먹고 같은 곳에서 잤단다. 또한 포로로 잡힌 적군도 능력이 있으면 지휘관이 될 수 있었어. 철저히 능력에 따라 사람을 뽑아서 썼던 거야. 몽골군은 전쟁이 끝나면 정복 지역에서 얻은 전리품을 아랫사람까지 골고루 나눠 주었어. 그래서 몽골군은 어느 전쟁에서나 하늘을 찌를 듯한 높은 사기로 용맹하게 싸울 수 있었지.

원의 통치

쿠빌라이 칸은 몽골 제국의 새로운 지도자가 된 뒤에 걱정에 사로잡혔어. 인구도 많고 풍습도 다른 중국을 어떻게 다스려야 할지 고민스러웠던 거야.

쿠빌라이 칸은 왕의 호칭을 중국식으로 고쳐 세조라고 지었어. 그리고 중국의 3성 6부제에서 필요한 부분들을 받아들였어. 그리고 나

> 정복 지역의 행정을 간섭하기 위해 설치한 기구를 행성이라고 해.
>
> 다루가치는 원나라에서 파견한 정복 지역의 총독을 일컫는 호칭이야.

라를 1성 6부로 운영하지. 넓은 영토를 다스리기 위해 중국의 통치 방식과 제도를 빌려온 셈이었어. 심지어 입는 옷이나 생활 방식도 중국의 관습을 따르려고 노력했어. 반면에 지방은 몽골 고유의 방식을 활용하여 행성을 설치하고 다루가치라는 관리를 파견하였단다.

한편 쿠빌라이 칸은 아직 남쪽에 버티고 있는 남송을 공격하기 시작했어. 남송의 성은 높고 견고하기로 유명했지만, 악착같이 덤벼드는 몽골군 앞에서는 뾰족한 수가 없었어. 결국 남송은 무너졌고, 몽골족이 세운 원이 중국 전체를 지배하게 되었어. 곧이어 쿠빌라이 칸은 여진과 거란을 무찌르면서 만주 지역까지 완전히 장악했단다.

그러나 쿠빌라이 칸이 정복하지 못한 곳이 하나 있었어. 바로 일본이었지. 쿠빌라이 칸의 명령에 따라 배를 타고 일본으로 떠난 몽골군은 여러 가지 어려움에 부딪쳤어. 태풍 피해로 많은 몽골군이 피해를 입었을 뿐만 아니라 바다에서 싸워 본 경험이 부족했기 때문이야. 결국 몽골군은 두 차례의 일본 원정을 모두 실패하고 말았어. 비록 일본을 정복하지는 못했지만 쿠빌라이 칸은 이미 역사상 가장 큰 제국의 주인이었어. 35년 동안 중국의 황제이자 몽골족의 위대한 칸으로 군림하면서 원을 다스렸지.

▼ 쿠빌라이 칸의 사냥

원의 통치 방식은 몽골 제일주의 정책이었어. 정치, 군사와 관련된 중요한 관직은 모두 몽골인이 차지했단다. 적은 수의 몽골인으로 엄청난 인구의 중국인을 다스리기 위해서는 어쩔 수 없는 선택이었지. 자칫하면 중국인들에게 다시 나라를 빼앗길 수도 있었거든. 원은 그런 일이 벌어지지 않도록 신분을 민족에 따라 네 가지로 나누었어.

원의 신분 구조에서 몽골인과 색목인은 지배 계급이었고, 한인과 남인은 피지배 계급이었어. 색목인은 외국인을 통틀어 이르는 말로 서아시아나 중앙아시아, 유럽 등에서 온 외국인을 가리켜. 몽골군에게 비교적 빠르게 항복한 나라의 사람들은 3등급 안에 속했지만 마지막까지 몽골에 저항했던 남송 출신 사람들은 하층민이 되었단다. 말하자면 몽골 제일주의는 중국을 오랫동안 지배했던 한족을 철저히 배척한 제도였지.

1등급인 몽골인은 중요한 직책을 도맡았고, 2등급인 색목인은 세금을 걷거나 나라 살림을 관리하며 몽골인을 도왔어. 3등급인 한인은 주로 하급 관리직을 맡았지. 그리고 인원이 가장 많은 4등급 남인은 생산 활동에 종사하며 갖가지 차별을 당해야 했어. 송의 지배층이었던 사대부조차 마찬가지였지. 사대부들은 일찌감치 벼슬을 포기한 채 숨죽이며 조용히 살아

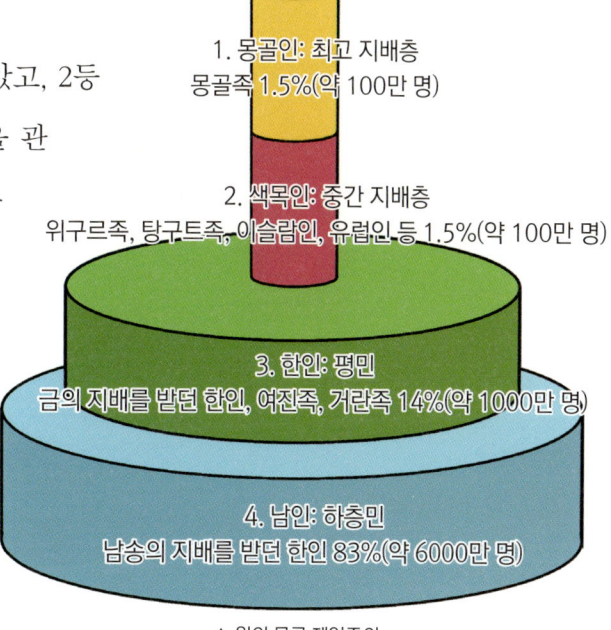
▲ 원의 몽골 제일주의

▲ 해인사에 있는 대장경판이야. 고려는 몽골의 침입을 불교의 힘으로 막아 내려고 팔만대장경을 만들었어.

가야 했단다.

그렇다면 원과 고려는 어떻게 지냈을까? 원은 30여 년에 걸쳐 고려를 여러 차례 침략했어. 고려는 수도를 개성에서 강화도로 옮기면서까지 맞서 싸웠지만 결국 굴복하고 말았지. 그 뒤 고려는 원의 내정 간섭을 받게 되었어.

역사 속 상식 쏙

색목인

중국인들은 자신들보다 서쪽에 사는 사람들을 모두 색목인이라고 불렀어. 제색목인의 준말인 색목인은 여러 종류의 사람들이라는 뜻이야. 원에서 색목인은 몽골인 다음가는 사회적 지위를 누렸어. 몽골의 지배자들은 중국을 다스리는 데 색목인이 큰 도움을 준다고 생각했지. 또한 한족을 억누르는 수단으로도 색목인을 활용했어. 색목인은 중앙 관리나 장군 등 어떤 직업이든 다 가질 수 있었어. 특히 중앙아시아와 서아시아에서 온 이슬람인은 숫자에 밝아서 나라의 재정에 관련된 일들을 맡았어. 또한 러시아인과 헝가리인, 영국인, 프랑스인이 원에서 건축가나 의사, 화가로 활약하기도 했지. 색목인인 상인들 역시 송이나 당 대에 비해 훨씬 자유롭게 활동했단다.

원의 경제와 문화

'운하에 각양각색의 돛을 단 배들이 몰려들었다. 배에서 가수들이 중국어와 아랍어, 페르시아어로 노래를 불렀다.'

14세기 무슬림 여행가 이븐 바투타는 《이븐 바투타 여행기》에서 원나라를 이와 같이 소개했어.

▲ 원을 여행한 이븐 바투타

당시 원은 교통로가 잘 정비되어 있고 운하가 발달해서 경제가 활발히 돌아갔어. 특히 해상 무역은 송 대보다 더욱 활기를 띠었단다. 동남쪽 해안에 위치한 취안저우와 항저우, 광저우 같은 항구 도시들은 세계 각지에서 몰려든 배들로 북새통을 이루었어. 수도인 베이징은 비단과 보석, 곡식을 가득 실은 수레들이 하루에도 수천 대씩 지나다닐 만큼 붐볐지. 바닷가의 항구나 큰 도시 주변에는 외국인들이 사는 마을이 들어섰으며, 원 조정에서도 이민족 출신의 관료들을 쉽게 볼 수 있었어. 세계 각국에서 원 황제를 알현하러 온 사신들의 발길 또한 끊이지 않았단다. 원은 어떻게 세계인들의 국가로 발돋움했을까?

군사력이 막강한 몽골 제국이 넓은 세계를 다스리게 되자 중앙아시아와 서아시아에 평화가 찾아왔어. 서로 아웅다웅 다투던 세력들이 몽골군에게 꼼짝 못했기 때문이야. 게다가 몽골 제국이 교역로 주변의 도적들을 몰아내고 역참을 설치한 덕분에 상인들은 안전하

역참은 정복지를 원활하게 통치하기 위해 몽골 제국 전역에 설치한 시설로, 갈아탈 수 있는 말과 숙박 시설, 식량 등을 갖추고 있었어. 역참은 동서 교역 활성화에 영향을 주었다고 해.

고 편리하게 오갈 수 있었어. 오늘날의 역과 같은 역참에서 상인들은 말을 바꾸거나 잠시 쉬어 갔단다.

육로만이 아니라 바닷길을 통한 교류도 매우 활발했어. 동남아시아는 물론 인도와 아라비아반도에서 많은 상인들이 바닷길을 따라 원을 찾아왔거든. 원은 항구를 드나드는 선박과 물품에 세금을 거둬 큰 수입을 올렸단다. 아울러 상업이 발달해 화폐가 널리 사용되자 지폐인 교초를 발행했어. 원 황실에서 교초의 가치를 보장해 주었기 때문에 상인들은 원뿐만 아니라 몽골 제국 어디서나 교초를 사용할 수 있었지.

▲ 원에서 발행한 지폐, 교초

원에서는 고려인과 거란인은 물론이고 아랍인과 파란 눈의 백인들까지 바쁘게 오갔어. 동서 교류가 아주 활발했다는 증거지. 또한 로마 교황의 사신이 역참을 이용해 원의 수도를 찾아와 황제를 만났으며, 원의 사신은 황제가 직접 쓴 편지를 가지고 수천 킬로미터를 달려 로마 교황을 방문했어. 이슬람의 수학과 의학, 천문학을 비롯하여 이슬람교, 크리스트교, 티베트 불교(라마교)가 전래된 것도 이때야.

한편 원에 17년이나 머물며 관리로 일한 색목인이 있단다. 바로 이탈리아 상인이자 여행가 마르코 폴로야. 마르코 폴로는 이탈리아로 돌아가 자신이 원에서 겪었던 일들을 《동방견문록》이라는 여행기에 담았어. 《동방견문록》은 유럽 각국의 언어로 번역되며 당대 최고의 베스트셀러가 되었지.

마르코 폴로는 《동방견문록》에서 원을 어떻게 설명했을까?

'운하와 시내의 길이 매우 넓어서 배와 수레가 주민들에게 필요한 물건을 충분히 싣고 왕래한다. 다리의 아치 아래로 돛대를 세운 배가 통과하고 위로는 수레와 말이 지나다닐 수 있다.'

세계는 몽골 제국을 통해 하나로 연결되었어. 동서 교류가 그 어느 때보다 활발하게 이뤄진 시기였지. 원은 세계 각국과 교류하면서 개방적이고 국제적인 문화를 꽃피웠어. 송 대에 싹튼 서민 문화는 원에 들어와서 더욱 발전했어. 특히 백성들 사이에서 큰 인기를 끌었던 것이 잡극이었어. 잡극은 노래와 연극이 합쳐진 예술로, 백성들의 삶을 주로 다루었지.

▼ 몽골 제국의 동서 교역로

마르코 폴로

베네치아 사람인 마르코 폴로는 아버지와 삼촌이 교황의 편지와 선물을 들고 몽골 제국의 쿠빌라이 칸을 만나러 간다는 이야기를 들었어. 그는 아버지와 삼촌을 졸라 여행길에 따라나섰어. 세 사람은 몽골로 가는 길에 도적 떼를 만나고, 야생 짐승에게 쫓겼으며, 전염병에 걸려 죽을 고비를 넘기기도 했지. 그렇게 우여곡절 끝에 원에 도착한 세 사람은 쿠빌라이 칸을 만날 수 있었어. 마르코 폴로는 원에 머물며 몽골어와 중국어를 배웠어. 그리고 원에서 관직에 올라 중국의 도시 곳곳을 돌아다니며 여러 풍속을 조사해 보고하는 일은 물론, 해외에 사신으로 가기도 했지. 다시 베네치아로 돌아온 마르코 폴로는 글을 쓰는 작가에게 원에서 자신이 겪었던 일들을 들려주었어. 작가가 마르코 폴로의 이야기를 글로 옮기면서 《동방견문록》이 탄생했단다.

▲ 《동방견문록》의 삽화

쿠빌라이 칸과 마르코 폴로 ▶

원의 멸망

원의 2대 황제의 황후는 황제의 조카가 도착했다는 소식에 얼굴이 하얗게 질렸어. 얼마 전, 황후의 아들인 황태자가 갑자기 세상을 떠났어. 그리고 한 달 뒤, 황제 테무르마저 사망하고 말았어. 원에서 황제와 황태자가 한순간에 사라져 버린 거야. 황후는 남편 테무르의 사촌 동생을 황제의 자리에 올릴 셈이었지. 그런데 황제의 조카가 이 소식을 듣고 격분하여 궁으로 달려왔지 뭐야. 황제의 조카는 황후의 측근을 모두 죽이고 황후 역시 유배를 보낸 뒤 살해했어. 결국 황제의 조카가 황제 자리에 올랐단다.

황제 자리를 둘러싼 암투는 그 뒤로도 계속되었어. 쿠빌라이 칸 이후 70년 동안 황제에 오른 인물만 열 명이나 되었지. 황제가 되어도 고작 몇 년을 버티지 못했다는 뜻이야. 심지어 원 말기에는 26년 동안 황제가 여덟 번이나 바뀌면서 나라가 몹시 혼란스러웠단다. 후계자끼리 전쟁도 서슴지 않다 보니 나라가 제대로 굴러갈 리 없었어.

황족들의 지나친 사치도 큰 문제였어. 황족들은 자신의 지위를 과시하기 위해 전 세계에서 사치품들을 사들였어. 황실에 돈이 부족하자 세금을 더 거둬들인 것은 물론, 지폐인 교초를 마구 발행하여 물건값을 지불했어. 화폐를 마구 찍어 내면 어떻게 되겠니? 시장에 돈이 풀리니까 물건값이 올라가겠지? 백성들은 무거운 세금과 치솟는 물가 때문에 하루하루 입에 풀칠하기도 힘들었어.

게다가 티베트 불교를 받아들이면서 원의 사정은 더욱 혼란스러워졌어. 원 황실이 티베트 불교를 후원하느라 수백 개가 넘는 티베트 불교 사원들을 척척 세워 줬거든. 백성들에게 착취한 세금으로 지은 사원이었지. 더 나아가 티베트 불교 승려들은 백성들에게 많은 재물을 요구했단다. 하지만 그런 일로 티베트 불교 승려를 비난하는 백성이 있다면 당장 사형에 처해졌어. 티베트 불교가 원에서 얼마나 대단한 위치를 차지했는지 알겠지?

그러던 어느 날, 황허강에 큰 홍수가 나서 백성 수만 명이 목숨을 잃고 논밭이 물에 잠겼어. 하지만 원 황제는 민심을 돌보지 않았지.

마침내 홍건적의 난이 발생했어. 홍건적의 난은 한족 농민들이 일으킨 반란으로, 중심 세력이 백련교도들이었어. 백련교는 미륵불이 나타나 세상을 구해 준다는 사상이야. 당시 힘겹게 살아가던 백성들은 백련교를 쉽게 받아들였어. 그러다 백련교의 교주가 반란을 일으키자 농민들이 너도나도 힘을 합쳤던 거야. 반란군은 머리에 붉은 수건을 둘렀다고 해서 홍건적이라는 이름이 붙었어. 홍건적의 세력은 점차 커져서 원의 수도까지 치고 올라갔어. 그러나 막강한 원의 군사를 이기지 못하고 뿔뿔이 흩어지고 말았단다. 그때 남쪽에서 조용히 힘을 모으던 주원장이 떨치고 일어났어. 주원장은 한족을 이끌고 원의 군사에 맞서 싸워서 마침내 원을 무너뜨렸단다. 주원장은 나라 이름을 명으로 바꾸고 황제가 되었어. 몽골족은 중국에서 쫓겨나는 신세가 되었고, 한족은 다시 중국의 주인 자리로 돌아왔지.

14세기 중반을 전후해서 원 왕조뿐만 아니라 몽골 제국이 전반적으로 붕괴하기 시작했어.

> 미륵불은 석가모니에 이어 중생을 구제할 미래의 부처를 의미한단다.

📖 세계사가 한눈에 쏙!

01 테무친이 몽골족을 통일한 뒤, 몽골 제국을 세우고 칭기즈 칸이 되었다. 정복 전쟁에 나선 칭기즈 칸은 중앙아시아까지 뻗어 나갔다.

02 칭기즈 칸의 후계자들 역시 정복 전쟁을 이어 나갔다. 몽골 제국은 러시아를 거쳐 동유럽까지 점령했다.

03 쿠빌라이 칸은 수도를 대도(베이징)로 옮기고 나라 이름을 원이라 했다. 원은 몽골 제일주의를 내세워 몽골인과 색목인을 우대했다.

04 원 대에는 육로와 바닷길로 동서 교역이 이뤄졌다. 항구마다 세계적인 무역항이 들어섰다. 이슬람 문화가 원으로 들어왔으며, 티베트 불교는 지배층의 후원을 받았다. 마르코 폴로의 《동방견문록》과 이븐 바투타의 《이븐 바투타 여행기》를 통해 세계 교역의 중심지가 된 원의 모습을 엿볼 수 있다.

05 황제 자리를 두고 다툼이 심해진 데다 교초를 지나치게 발행하면서 원의 경제가 어려워졌다. 그리고 홍건적의 난으로 쇠퇴의 길에 접어들었다. 결국 원은 한족인 주원장이 세운 명에게 멸망했다.

사진 저작권

| 8쪽 기도하는 무슬림 [출처] 위키피디아 (CCO)

| 11쪽 무함마드 동굴 [출처] 위키피디아 (CCO)

| 14쪽 12세기 《쿠란》 [출처] 위키피디아 (CC BY-SA 3.0)

| 16~17쪽 알람브라 궁전 [출처] 위키피디아 Slaunger (CC BY-SA 3.0)

| 17쪽 메카 [출처] 셔터스톡

| 19쪽 바그다드를 흐르는 티그리스강 [출처] 위키피디아 Chairman of the Joint Chiefs of Staff (CC BY-SA 2.0)

| 21쪽 코르도바 대모스크 [출처] 셔터스톡

| 24쪽 만지케르트 전투 장면 [출처] 위키피디아 (CCO)

| 26쪽 살라딘의 동상 [출처] 위키피디아 Graham van der Wielen (CC BY-SA 2.0)

| 28쪽 술탄 아흐메트 모스크 [출처] 위키피디아 (CCO)

| 28쪽 바그다드의 이슬람 사원 [출처] 위키피디아 Chairman of the Joint Chiefs of Staff (CC BY-SA 2.0)

| 28쪽 히잡 [출처] 위키피디아 David Stanley (CC BY-SA 2.0)

| 30쪽 《아라비안나이트》 [출처] 위키피디아 (CCO)

| 36쪽 중세 기사의 모습 [출처] 위키피디아 (CCO)

| 39쪽 카롤루스 대제에게 황제의 왕관을 씌우는 로마 교황 [출처] 위키피디아 (CCO)

| 40쪽 카롤루스 대제의 동상 [출처] 위키피디아 Larry Johnson (CC BY-SA 2.0)

| 43쪽 〈베리 공작의 매우 호화로운 기도서〉 [출처] 프랑스국립박물관 연합

| 45쪽 카노사의 굴욕 [출처] 위키피디아 (CCO)

| 46쪽 토마스 아퀴나스 [출처] 위키피디아 (CCO)

| 47쪽 피사 대성당 [출처] 위키피디아 Massimo Catarinella (CC BY-SA 3.0)

| 48쪽 샤르트르 대성당 [출처] 위키피디아 Massimo http://de.wikipedia.org/wiki/Benutzer:Honge (CC BY-SA 3.0)

| 48쪽 스테인드글라스 [출처] 위키피디아 (CCO)

| 50쪽 십자군 전쟁 [출처] 위키피디아 (CCO)

| 53쪽 흑사병의 참상 [출처] 위키피디아 (CCO)

| 55쪽 잔 다르크 [출처] 위키피디아 (CCO)

| 56쪽 백년 전쟁 [출처] 위키피디아 (CCO)

| 62쪽 콘스탄티노폴리스를 보호했던 요새 [출처] 위키피디아 (CCO)

| 67쪽 성 소피아 성당의 모자이크 [출처] 위키피디아 (CCO)

| 68쪽 테오도라 황후 [출처] 위키피디아 (CCO)

| 69쪽 유스티니아누스 황제 [출처] 위키피디아 Roger Culos (CC BY-SA 3.0)

| 72쪽 성상 파괴 운동 반대 [출처] 위키피디아 (CCO)

| 73쪽 치마부에 〈성 삼위일체의 성모〉 [출처] 위키피디아 (CCO)

| 74쪽 대관식 달걀 [출처] 위키피디아 (CCO)

| 76쪽 성 소피아 성당의 모자이크 [출처] 위키피디아 (CCO)

| 76쪽 성 소피아 성당 [출처] 위키피디아 Arild V¥gen (CC BY-SA 3.0)

| 77쪽 성 바실리 대성당 [출처] 위키피디아 Alvesgaspar (CC BY-SA 3.0)

| 78쪽 성 소피아 성당의 내부 [출처] 위키피디아 (CCO)

| 82쪽 오스만 튀르크 콘스탄티노폴리스 입성 [출처] 위키피디아 Jean Joseph Benjamin Constant (CCO)

| 83쪽 그리스의 불을 사용하는 비잔티움 해군 [출처]

위키피디아 (CC0)

| 88쪽 갠지스강의 모습 [출처] 셔터스톡

| 90쪽 《마하바라타》 [출처] 위키피디아 (CC0)

| 91쪽 카일라사 사원 [출처] 위키피디아 (CC BY-SA 3.0)

| 92쪽 아잔타 석굴 전경 [출처] 위키피디아 C. SHELARE (CC BY-SA 3.0)

| 93쪽 아잔타 석굴 내부(2종) [출처] 위키피디아 Photo Dharma (CC BY-SA 2.0)

| 96쪽 브라흐마 [출처] 위키피디아 Nagarjun Kandukuru (CC BY-SA 2.0)

| 96쪽 비슈누 [출처] 위키피디아 KaDeWeGirl (CC BY-SA 2.0)

| 96쪽 시바 [출처] 위키피디아 (CC0)

| 98쪽 쿠트브 미나르 [출처] 셔터스톡

| 101쪽 브리하디스와라 사원 [출처] 위키피디아 Nirinsanity (CC BY-SA 4.0)

| 103쪽 보로부두르 불탑 [출처] 셔터스톡

| 108쪽 《삼국지연의》의 한 장면 [출처] 위키피디아 (CC0)

| 112쪽 수 문제 양견 [출처] 위키피디아 (CC0)

| 114쪽 을지문덕 장군 [출처] 위키피디아 (CC0)

| 118쪽 양귀비 [출처] 위키피디아 (CC0)

| 118쪽 피난 가는 현종 [출처] 위키피디아 PericlesofAthens (CC BY-SA 3.0)

| 121쪽 〈청명상하도〉 [출처] 위키피디아 (CC0)

| 123쪽 악비의 동상 [출처] 위키피디아 JesseW900 (CC BY-SA 4.0)

| 124쪽 당삼채 [출처] 위키피디아 (CC0)

| 125쪽 《대당서역기》 [출처] 위키피디아 (CC0)

| 126쪽 〈강산설제도〉 [출처] 위키피디아 (CC0)

| 127쪽 화약 [출처] 위키피디아 (CC0)

| 131쪽 서하 문자 [출처] 위키피디아 (CC0)

| 131쪽 여진 문자 [출처] 위키피디아 (CC0)

| 131쪽 파스파 문자 [출처] 위키피디아 (CC0)

| 136쪽 몽골의 초원 [출처] 위키피디아 (CC0)

| 137쪽 칭기즈 칸 [출처] 위키피디아 (CC0)

| 140쪽 나담 축제 말타기 시합 [출처] 위키피디아 C(C BY-SA 2.0)

| 144쪽 쿠빌라이 칸의 사냥 [출처] 위키피디아 (CC0)

| 146쪽 팔만대장경 [출처] 위키피디아 (CC0)

| 147쪽 이븐 바투타 [출처] 위키피디아 (CC0)

| 148쪽 교초 [출처] 위키피디아 PHGCOM (CC BY-SA 3.0)

| 150쪽 《동방견문록》의 삽화 [출처] 위키피디아 (CC0)

| 150쪽 쿠빌라이 칸과 마르코 폴로 [출처] 위키피디아 (CC0)

열다 지식을 열면, 지혜가 열립니다. 나만의 책을, 열다.

한눈에 쏙 세계사
3 지역 문화권의 형성

초판 1쇄 발행 2019년 11월 04일
초판 9쇄 발행 2024년 01월 10일

글 위문숙 **그림** 이은열 **감수** 박소연·손은혜
발행처 주식회사 스푼북 **발행인** 박상희 **총괄** 김남원
출판신고 2016년 11월 15일 제2017- 000267호
주소 (03993) 서울시 마포구 월드컵북로 6길 88-7 ky21빌딩 2층
전화 02- 6357- 0050(편집) 02- 6357- 0051(마케팅)
팩스 02- 6357- 0052 **전자우편** book@spoonbook.co.kr

ⓒ 위문숙, 이은열 2019
ISBN 979 - 11 - 90267 - 20 - 5 (73900)
ISBN 979 - 11 - 90267 - 89 - 2 (세트)

* 저작권법에 의하여 한국 내에서 보호를 받는 저작물이므로 무단 전재와 무단 복제를 금합니다.
* 잘못 만들어진 책은 구입하신 곳에서 바꾸어 드립니다.

열다 는 스푼북의 어린이책 브랜드입니다.

제품명 한눈에 쏙 세계사 3	
제조자명 주식회사 스푼북 | **제조국명** 대한민국 | **전화번호** 02- 6357- 0050	⚠ **주 의**
주소 (03993) 서울시 마포구 월드컵북로6길 88-7 ky21빌딩 2층	아이들이 모서리에 다치지
제조년월 2024년 01월 10일 | **사용연령** 12세 이상	않게 주의하세요.
※ KC마크는 이 제품이 공통안전기준에 적합하였음을 의미합니다.